FRANÇOIS DESCUNS

Notice Historique

SUR LA VILLE

DE MIREPOIX

Préface de M. Albert TOURNIER.

Ouvrage illustré de gravures et d'un plan tirés hors texte.

MIREPOIX

IMPRIMERIE J. CASSÉ

1902

Lk7
34038

NOTICE HISTORIQUE

SUR LA

VILLE DE MIREPOIX

NOTICE HISTORIQUE

SUR LA

VILLE DE MIREPOIX

PAR

François DESCUNS

INSTITUTEUR

Directeur de l'Ecole communale de Mirepoix.

Avec une PRÉFACE de M. Albert TOURNIER

MIREPOIX

IMPRIMERIE J. CASSÉ

—

1902

A Monsieur Maurice PONS-TANDE

Ancien Maire de Mirepoix,

A Monsieur Philippe ROUBICHOU

Maire de Mirepoix,

en témoignage d'affectueuse reconnaissance,

A Monsieur Albert TOURNIER

Bibliothécaire au Ministère de l'Instruction publique,
Auteur de Vadier,

en témoignage de respectueuse admiration,

Je dédie cette Étude.

F. D.

Monsieur,

Vous m'avez, il y a déjà plusieurs années, après avoir parcouru mes notes sur l'histoire de Mirepoix, suggéré l'idée d'écrire une **Histoire locale** se rattachant à l'histoire générale de notre France.

J'ai fait ce travail en vue des leçons d'histoire pour les élèves de nos cours d'adultes pendant les longues soirées d'hiver.

Voici une petite brochure que j'ai extraite de cette histoire locale et que des amis m'ont engagé à publier.

Permettez-moi d'inscrire votre nom en tête de ce modeste travail, à côté de ceux de MM. Maurice Pons-Tande et Philippe Roubichou, qui ont bien voulu mettre à ma disposition les Archives communales, et de vous l'offrir en témoignage de ma respectueuse admiration.

A *Mirepoix*, le 22 septembre 1901.

F. DESCUNS.

PRÉFACE.

La ville de Mirepoix, que surmonte, au-dessus des ormeaux et des platanes, la flèche pyramidale de son clocher, d'une si gracieuse hardiesse, et que l'Hers, paresseusement couché au pied de Terride sous les hautes arches du pont de pierre, enveloppe d'un geste large de caresse lointaine, est incontestablement l'un des coins les plus poétiques de notre Ariège.

C'est la porte du pays de Foix ouverte sur le Languedoc et la Provence.

Au mois d'août dernier, vers les deux heures de l'après-midi, venant de la porte d'Aval, ultime vestige de ses fortifications, si vous étiez arrivé sous les galeries couvertes, soutenues par de vieux piliers de chêne, vous eussiez constaté que nul promeneur, nulle jeune fille aux claires toilettes ne venait troubler le silence de cette place, pourtant si animée, aux fêtes et à la foire de Saint-Maurice, par les danses harmonieuses ou les âpres transactions commerciales.

C'était l'heure de la sieste; et, participant au calme général, la marchande de légumes, devant les fruits de son étal étincelants comme rubis et émeraudes, somnolait sous son vaste parapluie de cotonnade rouge. On se serait cru transporté dans quelque ville d'Orient.

Effectivement, en dépit des locomotives qui, depuis deux ans, ont fait irruption dans l'Allée des Soupirs, la ville était aussi déserte et tranquille qu'aux époques où Raymond de Verdole promenait dans ses rues ensoleillées mitre et croix pastorale, où Jean-Jacques-Régis de Cambacérés, futur archi-chancelier d'Empire, exerçant la charge de maire alternatif, y représentait paisiblement l'autorité royale.

Mais cette terre de fleurs, de chant et d'amour fut aussi, comme dans l'hymne national italien, la terre des armes.

Les passions s'y sont déchaînées avec violence, et l'homme, animal de combat, y a participé à toutes les luttes.

Trois fois détruite et trois fois rebâtie, elle a tour à tour succombé à l'incendie, à l'inondation, et subi le fléau, autrement dévastateur, des invasions sarrasines et de la croisade albigeoise.

Là siégèrent les tribunaux secrets de l'Inquisition, qui livrèrent deux cents victimes au seul bûcher de Montségur!...

M. François Descuns a entrepris de retracer la curieuse histoire de cette ville. Il la prend à son origine celtibérienne, nous la montre, dans la Gaule Narbonnaise, s'adaptant au génie romain et faisant la conquête des larges franchises municipales qui, plus tard, devaient faire obstacle aux fantaisies des seigneurs, pendant cette période féodale où jamais l'humanité ne s'est montrée sous un aspect plus repoussant et plus hideux.

Châteaux forts crénelés et brillantes armures, mettant prudemment leurs possesseurs à l'abri des coups, cachaient les plus tristes spécimens d'ignominieuse lâcheté et de bassesse cupide.

L'humanité étant toujours semblable à elle-même, il suffit pour bien la connaître de suivre son action sur un point restreint, de même qu'une goutte d'eau révèle, dans ses traits essentiels, la constitution chimique de l'Océan tout entier.

De là l'utilité d'ordre général que présentent ces notices d'apparence limitée, et c'est un grand honneur qui m'est dévolu, dont je sens tout le prix, d'écrire quelques lignes de préface au petit livre du ferme républicain et de l'excellent éducateur qu'est M. François Descuns, directeur de l'école laïque de Mirepoix.

Sa tâche a été bien remplie. Et ce n'est pas un médiocre service que M. Descuns rend à ses concitoyens.

Pour y réussir, il faut joindre à la connaissance générale de l'histoire le goût des patientes recherches, un jugement sûr, le don de discerner, à travers les documents, la partie intéressante pour en élaguer les redites, les fadaises ou les inutilités.

En soufflant sur la poussière morte des archives, on rend à la vie ce qui mérite véritablement de vivre dans la mémoire des hommes.

M. Descuns veut bien rappeler que sa notice historique a été écrite sur mes encouragements. Pour un historien, la plus douce récompense de ses modestes travaux est certainement de voir accourir à lui, inconnus la veille mais aussitôt fraternellement unis, d'intelligents pionniers tels que l'instituteur émérite Descuns et le distingué professeur Bourniquel, qui vient précisément d'accomplir, de façon très brillante, un labeur analogue pour l'histoire de la période révolutionnaire à Pamiers et dans l'Ariège.

C'est à cette partie de son travail que M. Descuns a également mis le plus de son cœur, car il n'est pas douteux que, pour lui comme pour nous tous, dans l'examen de ce bilan du passé, la préférence reste à la République.

Après avoir rendu hommage aux efforts des administrateurs qui, sous l'ancien régime, avaient fait de leur cité l'une des plus charmantes et des plus délicieuses du Haut-Languedoc, il a fouillé avec amour les archives communales pour nous jeter dans les délibérations ardentes des conseils politiques et le tumulte des assemblées populaires.

Nous avons l'Histoire de la Révolution en raccourci, avec, à son aurore, la noble figure du vicomte de Lasset, défenseur des droits du peu-

ple, sorte de Lafayette mirapicien, commandant
de la milice bourgeoise.

Par l'évocation des fêtes locales, nous assis-
tons, en parcourant cette substantielle étude, à la
prise de la Bastille.

On relit avec joie ces fières paroles des citoyens
de Mirepoix à l'Assemblée Nationale : «... Au
« pied des Pyrénées, il est un peuple de sujets
« courageux et fidèles, héritiers d'ancêtres ma-
« gnanimes qui, n'ayant jamais été serfs, abhor-
« rent l'esclavage et les tyrans ! »

Viennent ensuite : la fête de la Fédération, la
proclamation de la Loi martiale avec le drapeau
rouge hissé au balcon de l'Hôtel de Ville;... le
service funèbre de Mirabeau, le départ des volontaires, la proclamation de la République, la célébration de la victoire de Valmy, les divisions
ecclésiastiques et le culte de la Raison, à qui
finalement vont rendre hommage les métaphy-
siciens de l'Être suprême.

Démontrant, une fois de plus, l'erreur de la
captieuse et réactionnaire distinction de Taine
entre les citoyens combattant aux frontières et
ceux qui luttaient dans les clubs ou les assem-

blées, M. Descuns, puisant aux sources vives des dépôts publics, rappelle une émeute après Thermidor (dont le procès-verbal pourrait être utilement publié à la fin du volume[1]), où le volontaire Clauzel, le futur gouverneur général de l'Algérie, eut à se défendre contre les violences de la réaction. On poursuivait en lui le républicain dont le père avait fait exécuter, à Mirepoix, les décrets et les lois de la Convention.

Républicain *et* patriote *étaient et sont encore termes synonymes, et la contre-Révolution le savait bien, car elle confondait dans la même haine soldats et citoyens dont le but était identique et dont le cœur battait du même élan.*

On pourrait multiplier les exemples, depuis le faubourien Augereau jusqu'à Bonaparte lui-même, s'appliquant à capter les bonnes grâces des représentants Ricord et Augustin Robespierre, et jusqu'à cet admirable Brune, ouvrier typographe, membre actif du club des Cordeliers, cet ami de Danton, qui devait devenir ma-

---

1. *Ce document sera publié plus tard, avec d'autres concernant la famille Clauzel.*

réchal de France *et l'une des plus pures gloires de notre armée pour tomber, au temps de la Terreur blanche, dans les rues d'Avignon, sous le stylet des malandrins de la Légitimité.*

Rien n'est plus propre à former d'excellents citoyens que la lecture d'un tel livre.

Pour compléter son œuvre, M. Descuns devrait y joindre quelques légendes locales et quelques contes ou poésies en dialecte maternel.

Les enfants connaîtront ainsi l'histoire de leur petite ville et l'aimeront en connaissance de cause.

Il serait à souhaiter que, tout au moins dans chaque chef-lieu de canton, semblable travail fût entrepris.

Le culte de la famille et de la cité est le fondement indestructible sur lequel doit s'appuyer l'amour de la Patrie et de l'Humanité.

Albert TOURNIER [1].

Paris, le 1er novembre 1901.

---

1. *Nous devons rappeler ici que M. Albert Tournier est, par sa mère, d'origine mirapicienne.*

F. D...

MIREPOIX. — VUE GÉNÉRALE PRISE DES HAUTEURS DU TERRIDE.

CHAPITRE PREMIER.

Origine de la ville de Mirepoix.

Période celtique. — Sur le plateau désigné dans le patois local sous le nom de : *Mato dé l'Agréou* (touffe de houx) s'élevait, à une époque qu'il est impossible de déterminer exactement, une bourgade d'origine celtique, ou peut-être ibérienne, qui a été comme le berceau de la *Cité mirapicienne*.

Un illustre citoyen de Mirepoix, l'astronome Vidal, a signalé, à cet endroit, l'existence d'un cimetière celtique où il a retrouvé des débris d'urnes sépulcrales et des médailles du Haut et du Bas-Empire jusqu'à Constantin le Grand[1].

Cette primitive agglomération de cabanes pou-

---

1. Mémoire publié par Adolphe Garrigou dans ses *Etudes historiques sur le pays de Foix* (t. I, p. 34; Toulouse, 1846, Hénault, imprimeur). — Notice inédite (archives de la mairie de Mirepoix). Quoique anonyme, cette petite notice est due, sûrement, à l'astronome Vidal.

vait bien être, ajoute M. Vidal, la principale ville de la peuplade celtique à laquelle Pline donne le nom de *Tascoduni*.

Cette opinion de M. Vidal est combattue par M. A. Garrigou qui croit que la tribu des *Tasco-duni* habitait les bords du *Tescou*, rivière près de Montauban.

Poussant plus loin la réfutation de l'assertion de notre compatriote, M. Garrigou tire de l'étymologie du mot *Mirepoix* (*mira pêch*, *mira-picum*) une probabilité pour son origine ibérienne [1].

Mais l'argumentation de M. Garrigou tombe d'elle-même si on adopte une seconde étymologie donnée par Napoléon Peyrat dans son *Histoire des Albigeois*. D'après ce savant historien, le mot Mirepoix ou « Miropey » serait formé par la contraction des deux mots patois *miro* (regarde) et *pey* (poisson) dérivés du latin *mira piscem*.

Et ce qui rend cette dernière étymologie très vraisemblable, c'est que les armes de la ville, dès le treizième siècle, portaient un poisson sur gueules [2].

---

1. Garrigou, *Etudes historiques sur le pays de Foix*, t. I, p. 61.

2. Duclos, *Histoire des Ariégeois*. (Voir la description des armoiries, p. 141.)

Mais ne nous attardons pas à des discussions étymologiques qui n'apporteraient aucune certitude sur les origines de notre antique cité.

Période romaine. — Dès 118 avant Jésus-Christ, notre région fit partie de la *Narbonnaise,* et dépendit de la *Civitas Tolosa,* qui était une des trois divisions de cette province romaine.

Les découvertes archéologiques de M. Vidal permettent d'affirmer que Mirepoix était, à cette époque, une ville très importante.

Les Romains transformèrent le pays et donnèrent une vive impulsion à l'agriculture, au commerce et à l'industrie. Les mines de nos montagnes furent exploitées et des routes superbes sillonnèrent notre pays.

La cité mirapicienne dut suivre ce mouvement de prospérité générale de la province.

Le christianisme. — Vers la fin du troisième siècle, le christianisme fut prêché, dans notre contrée, par les disciples de saint Saturnin de Toulouse.

Bientôt l'hérésie des *manichéens* se propagea rapidement dans le midi de la France et s'y développa jusqu'au treizième siècle, époque à laquelle on fit, contre ces hérétiques, l'épouvantable guerre

connue sous le nom de *Croisade des Albigeois,*
dont nous parlerons plus loin.

Invasion des Barbares. — Maintenant, deman-
dons-nous : Quand disparut cette primitive cité
qui n'a laissé d'autres traces que quelques monuments funéraires enfouis dans les entrailles du
sol?

Disparut-elle lors d'une de ces tourmentes dé-
vastatrices que furent les invasions des Vandales,
des Suèves, des Alains, passant comme des tor-
rents furieux?

Ou bien conserva-t-elle son importance sous la
domination des *Wisigoths* qui firent de Toulouse
la capitale de leur royaume? (412-507.)

Invasion des Arabes. — Nous ne savons; mais
il est fort probable qu'elle ne disparut qu'au hui-
tième siècle, lors des invasions sarrasines, car, dit
Michelet, « les Arabes avaient pour habitude de
« faire un désert des pays qu'ils traversaient. »
Et M. Adolphe Garrigou l'indique clairement
lorsqu'il écrit : « Au sein du pays de Foix exis-
« taient des villes dont la création se rattachait
« aux époques les plus reculées. Le pied du Maure
« a effacé la place même où furent ces agglomé-
« rations. Des restes de colonnes, de statues, des

« médailles, etc., trouvés sur divers points, à
« *Mirepoix*, à Vals, à Saverdun..... témoignent du
« degré de splendeur et de civilisation auquel la
« contrée était parvenue. Dès le moment où le
« Sarrasin touche le sol des Gaules, tous ces mo-
« numents disparaissent comme frappés d'une ba-
« guette magique[1]. »

Quoi qu'il en soit, nous allons retrouver bientôt
une nouvelle ville, la ville féodale, groupée auprès
du château de « Mirapey », et portant le même
nom que cette importante forteresse[2].

1. Garrigou, *Etudes historiques*, t. I, Introduction, p. 15.
2. Ce château féodal porte, depuis 1563, le nom de *Terrides*.

CHAPITRE II.

La ville féodale.

Au dixième siècle, le bourg de Mirepoix était bâti sur la rive droite de l'Hers, au pied de la colline où fièrement se dressait le château féodal qui portait le nom de « *Mirapey* ».

A la même place, on voit, de nos jours, les ruines, en partie restaurées, du château de *Terrides*.

Dans un acte d'hommage (dont la copie se trouve à la Bibliothèque nationale, collection Doat, vol. 165)[1], il est fait mention du château de « *Mirapey* » en l'année 960.

D'autre part, dom Vaissete, dans l'*Histoire de Languedoc*, indique comme le document le plus ancien que l'on ait sur le château de Mirepoix

1. Adolphe Garrigou, *Études historiques sur le pays de Foix*.

une donation comme *alleu*, faite le 23 janvier 1062, des deux tiers du château de *Mirapey* en faveur de la comtesse Rangarde et du comte Roger, son fils, par les deux frères Roger et Raymond Bataillé, seigneurs du pays de Mirepoix. Enfin, le même historien rapporte en l'année 1084 un second acte d'hommage du seigneur Arnaud de Bellissens, pour le château de Mirepoix, à la comtesse Ermengarde, fille de la comtesse Rengarde.

On voit par là que le château de Mirepoix existait au début de la période féodale.

Première Croisade. — Parmi les seigneurs qui suivirent le comte Raymond de Toulouse à la première croisade, en 1096, nous trouvons le comte Roger de Bellissens-Mirepoix, qui mourut, à Jérusalem, au commencement du douzième siècle, vers 1104[1].

Le territoire de Mirepoix passa alors sous la dépendance des comtes de Carcassonne en 1110. Mais, bientôt après, nous retrouvons les seigneurs de Mirepoix comme vassaux du comte de Foix.

Ces changements de vassalité ne se faisaient point sans guerres ruineuses suivies de terribles famines.

---

1. Dom Vaissete, *Hist. gén. de Languedoc.*

Croisade des Albigeois. — Mais un fléau plus épouvantable encore que la peste et la famine vint désoler notre pays au début du treizième siècle. Ce fut la *Croisade des Albigeois.* Cette guerre civile, alimentée par une double haine de race et de religion, fut épouvantablement atroce.

L'abbé de Pamiers appela le farouche *Simon de Montfort* avec son armée de gens de sac et de corde, de moines fanatiques et de nobles en quête de domaines (1208).

Le chef des croisés s'empara d'abord de Fanjeaux, qui faisait partie des domaines du comte de Mirepoix, puis, en 1209, vint mettre le siège devant le château de Mirepoix et s'en empara.

Il donna les pays qui appartenaient aux comtes de Bellissens-Mirepoix à un de ses lieutenants, *Guy de Lévis*, originaire de l'Ile-de-France, qui remplissait dans l'armée des croisés les fonctions de *maréchal de camp*. De là vient le titre de « *Maréchal de la Foy* », que les de Lévis prirent plus tard, à la fin du quinzième siècle, en 1494. Auparavant, ils se qualifiaient simplement de « *Maréchaux d'Albigeois* » ou « *Maréchaux de Mirepoix*[1] ».

Mais, en 1223, le vaillant comte de Foix,

1. Dom Vaissete, *Hist. gén. de Languedoc*, t. V, p. 86.

Raymond Roger, reprit le château de Mirepoix et le rendit à Pierre Roger de Bellissens, son légitime propriétaire.

Ce seigneur protégea les prétendus hérétiques et les recueillit dans ses domaines.

Il mourut la même année, 1223, à Fanjeaux, d'où il avait expulsé les croisés.

Le fils aîné de ce comte de Mirepoix étant entré dans le sacerdoce *albigeois* ou *cathare*, son jeune frère, Pierre Roger, resta le chef de cette antique famille des Bellissens-Mirepoix qui fut de nouveau dépouillée de ses biens par ordonnance de Louis VIII, rendue à Pamiers au mois d'octobre 1226.

Guy de Lévis se trouva ainsi rétabli dans la possession des domaines qui lui avaient été octroyés par le chef des croisés. Ainsi fut légitimée l'usurpation des biens de la famille des comtes de Mirepoix, dont le seul crime était de ne pas partager les mêmes opinions religieuses professées par l'Eglise de Rome. Le traité de Paris, en 1229, ratifia cette ordonnance, et la seigneurie de Mirepoix, qui prit le nom de *Terre du Maréchal*, fit partie, dès lors, de la province du Languedoc et fut rattachée à la couronne. Les seigneurs de Mirepoix n'eurent alors comme suzerains que les rois de France.

Inquisition. — Pour mieux combattre l'hérésie albigeoise et l'empêcher de renaître, les moines établirent le fameux tribunal secret de l'*Inquisition*, qui, pendant de long siècles, fit régner la terreur dans notre malheureux pays dont il étouffa les germes d'indépendance.

Prise du château de Montségur. — Cependant, les derniers Albigeois, chassés de partout, persécutés et traqués comme des bêtes fauves, s'étaient réfugiés dans une forteresse de premier ordre, le château de *Montségur*[1]. Perché comme un nid d'aigles sur les rochers qui avoisinent le *Saint-Barthélemy*, entouré de précipices affreux, ce château était imprenable.

En 1244, le clergé romain résolut d'anéantir cette dernière retraite de l'Eglise cathare. Sous la conduite de Pierre Amélie, archevêque de Narbonne, une armée de croisés vint mettre le siège devant la forteresse. Les assiégés firent une résistance d'autant plus acharnée qu'ils savaient que leurs vainqueurs seraient sans pitié pour eux. Plusieurs assauts furent repoussés.

[1]. Ce château dépendait de celui de Mirepoix.

C'est du château de Montségur que partit la petite troupe d'Albigeois qui vint à Avignonet, dans le but de débarrasser le pays de la terrible inquisition. Ils tuèrent les inquisiteurs, mais non l'institution elle-même.

Comme toujours, dans cette affreuse guerre, la trahison vint en aide aux soldats des évêques.

Des gens du pays, connaissant tous les sentiers de la montagne, soudoyés par les croisés, guidèrent les assiégeants qui, par une nuit obscure, grimpèrent jusqu'aux remparts.

Les Albigeois repoussèrent encore une fois cette agression, mais ils perdirent leur confiance.

Aussi, lorsque les évêques leur proposèrent de se rendre, en leur promettant solennellement qu'ils auraient la vie sauve, ils acceptèrent cette proposition et rendirent leur citadelle.

Mal leur en prit, car ils furent tous livrés aux flammes [1].

Au pied de la montagne, on traça une enceinte garnie de pieux où on enferma les prisonniers. Au milieu s'éleva un immense bûcher où tous, au nombre de plus de deux cents, furent brûlés vifs. Parmi eux se trouvaient plusieurs personnes no-

---

1. De nos jours, l'Eglise albigeoise renaît, et nous lisons dans une *Homélie* adressée au pape Léon XIII : « Mais vous attaquez, ou plutôt on vous fait attaquer les modestes apôtres — dont je suis — qui sont allés recueillir dans les cendres du bûcher de Montségur les traces de la grande âme albigeoise et s'efforcer de remonter par elles jusqu'à l'ardent foyer de la foi gnostique...

« SYNÉSIUS, *évêque de Montségur.*

« Donné à Montségur, en notre tente épiscopale, le onzième jour du dixième mois de la douzième année de la Restitution de la gnose ».

bles, entre autres la belle *Esclarmonde,* fille du comte de Péreille, et l'évêque albigeois, Bertrand Martin ou d'En Marty, cinquième patriarche de Toulouse[1].

On a prétendu que le trésor de la secte albigeoise put être soustrait aux vainqueurs et qu'il fut transporté dans les grottes de Lombrive, près d'Ornolac, où vécurent pendant quelque temps les derniers martyrs de la *gnose.*

Le château de Montségur fut ruiné et remis ensuite à Guy de Lévis qui en fit hommage au roi de France au mois de juillet 1245.

Voilà quels furent les malheurs que le fanatisme attira sur notre pays.

L'Eglise de Rome, si persécutée aux premiers siècles de l'ère chrétienne, devient, à son tour, férocement cruelle pour les sectes religieuses qui se séparent d'elle.

Destruction de la ville féodale. — La tranquillité renaissait dans le pays lorsqu'une nouvelle catastrophe vint encore jeter la désolation dans toute la vallée de l'Hers.

Cette rivière, considérablement grossie par la brusque rupture de l'étang de Puivert, détruisit

1. D'après Dom Vaissete (*Hist. gén. de Languedoc*) et Albert Deville (*Revue des Deux-Mondes*, t. III, mai 1874, p. 67).

complètement, en 1279 et le jour de saint Cyr, la ville de Mirepoix[1].

Pas une maison, pas un édifice ne résista à cette terrible inondation. Les habitants durent se réfugier en grande hâte dans l'enceinte du château fort dont les tours dominaient la colline au pied de laquelle l'Hers semait tant de ruines.

Ainsi disparut cette seconde cité, dont le laboureur retrouve encore des vestiges en creusant profondément le sol, et dont l'origine, toujours obscure, se rattache sûrement à celle du château féodal qui portait le même nom qu'elle, et qui appartenait à l'antique famille des Bellissens-Mirepoix[2].

1. Cette date de 1279 est donnée par Dom Vaissete dans l'*Histoire de Languedoc*. L'astronome Vidal indique la date de 1289 dans une notice publiée par A. Garrigou dans son *Etude historique sur le pays de Foix*. Cette même date de 1289 est donnée par A. Joanne dans son *Guide des Pyrénées* et dans sa *Géographie de l'Ariège* (p. 32).

2. Certains historiens n'hésitent pas à remonter jusqu'aux Celtibères pour retrouver l'origine de la famille des *Bellissens*, dont le nom rappelle le *dieu celtique Belenus* ou la déesse *Belena*, la *Lune*. Et si nous nous rappelons que l'antique *Mirepoix* était une bourgade celtique, nous trouverons fort vraisemblable cette opinion des historiens.

Dès le onzième siècle, cette famille se divise en plusieurs branches, mais la branche aînée habite toujours le château de Mirapey.

Ses domaines s'étendaient au nord et à l'ouest jusqu'aux monastères de Boulbonne et de Saint-Antonin (Pamiers); au sud, jusqu'au pays de *Sault*, et à l'est, jusqu'au Razès ; ils comprenaient les châteaux de *Mirepoix*, *Dun*, *Limbrassac*, Léran, Queille, Camon, Lavelanet, Montségur, Belesta, Chalabre et Fanjeaux. — Nous avons déjà indiqué que Pierre Roger de Bellissens-Mirepoix suivit le comte Raymond de Toulouse à la première croisade ; un autre seigneur de cette famille prit part à la troisième croisade sous Philippe-Auguste. Et ce fut précisément ce seigneur qui fut dépouillé de ses immenses domaines par Simon de Montfort.

Avant la *croisade des Albigeois*, les armes des Bellissens-Mirepoix portaient : « Mi-partie de sinople, au poisson d'argent, « à la tour de sable surmonté d'un *croissant* de gueules. »

Après cette croisade, pour bien montrer qu'ils avaient expié leur participation à l'hérésie albigeoise, les *Bellissens* durent prendre « sur leurs armoiries le bourdon et les coquilles des pèlerins ». Pierre Roger fut tué au siège de Fanjeaux en 1223.

Les Bellissens vaincus se courbèrent devant l'Inquisition et tâchèrent de faire oublier leur ancienne hérésie. Pierre de Bellissens suivit saint Louis en Egypte ; ses successeurs rendirent des services au roi Philippe le Bel et rentrèrent en possession de quelques-uns de leurs domaines. Mais leur situation de princes souverains dans leurs terres pyrénéennes fut à jamais perdue.

D'après l'*Histoire des Ariégeois*, par Duclos, t. VII, p. 18.

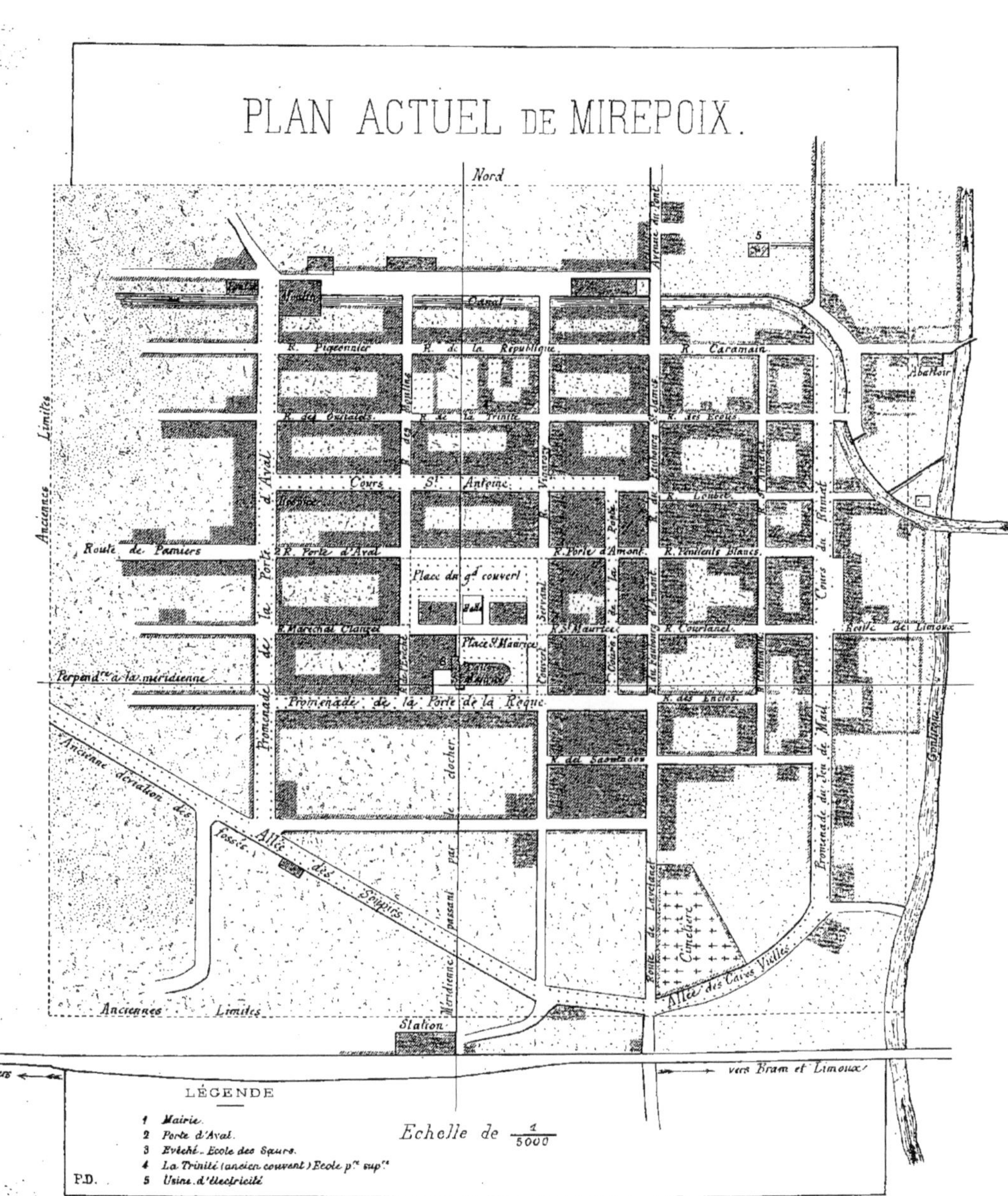

PLAN ACTUEL DE MIREPOIX.
Nord
Moulin
Canal
R. Pigeonnier
R. de la République
R. Caramain
Abattoir
R. des Oustalet
R. de la Trinité
R. des Écoles
Ancienes Limites
Cours St Antoine
R. Loubet
Hospice
Route de Pamiers
R. Porte d'Aval
R. Porte d'Amont
R. Pénitents Blancs
Place du g^d couvert
Halle
R. Maréchal Clauzel
St Maurice
R. Courlanel
Route de Limoux
Place St Maurice
Perpend^re à la méridienne
Promenade de la Porte de la Roque
R. des Enclos
passant par la clocher.
R. des Saôutados
Promenade du vieu de Mail
Ancienne dériation des
Allée des Soupirs
Route de Laveland
Cimetière
Allée des Caves Vieilles
Fossés
Méridienne
Anciennes Limites
Station
Pamiers
vers Bram et Limoux
Echelle de $\frac{1}{5000}$
LÉGENDE
1 Mairie.
2 Porte d'Aval.
3 Evêché - École des Sœurs.
4 La Trinité (ancien couvent) École p^le sup^le.
5 Usine d'électricité.
P.D.

CHAPITRE III.

La ville actuelle.

Sur la rive gauche de l'Hers, à l'entrée d'une forêt appelée Plénefage, dont le nom s'est perpétué jusqu'à nos jours, sur un plateau de faible altitude s'élevait le *prieuré de Saint-Maurice*, desservi par des moines bénédictins dépendant de l'abbaye Saint-Victor de Marseille. Tout auprès de ce monastère, dont la chapelle devint l'église paroissiale, se reconstruisit la ville de Mirepoix.

Les seigneurs de Lévis, touchés par la grande infortune des malheureux habitants, concédèrent gratuitement le terrain nécessaire pour édifier la nouvelle cité.

Un admirable plan d'ensemble présida à cette reconstruction. La nouvelle ville forma un carré d'environ 730 mètres de côté; on y traça, au cordeau et à intervalles égaux, douze rues orientées de l'est à l'ouest et huit rues dirigées du sud au nord, ce qui forma soixante-dix-sept moulons de maisons parfaitement réguliers[1].

L'église paroissiale, dédiée à saint Maurice, occupa le moulon du centre, et on laissa libres de toute construction les deux moulons placés l'un au sud et l'autre au nord de l'église. Il en résulta une grande place rectangulaire ayant environ 205 mètres de long sur 115 mètres de large.

Le premier étage des maisons qui bordaient cette place forma une forte saillie de la largeur d'une rue, supportée par des piliers en chêne. La place se trouva ainsi entourée de galeries couvertes, dont une partie existe encore.

Cette ville n'eut pour toute défense qu'un large fossé, que le ruisseau du *Contirou*, qui y pénétrait par l'angle sud-est, entretenait plein d'eau.

Mais la partie sud-ouest de ce fossé était toujours à sec à cause du rehaussement du sol en cet endroit. Alors, on écorna cet angle du carré en faisant suivre au fossé la pente naturelle du terrain[2].

Cette déviation est encore très visible, car la

1. Ces renseignements sont tirés d'une notice inédite due à l'astronome Vidal. (Archives communales.)

2. D'après la notice historique de M. Vidal. (Archives communales.)

promenade dite *allée des Soupirs*, que l'on admire en sortant de la gare, se trouve précisément sur l'emplacement occupé par cette partie des anciens fossés.

Fondation du diocèse de Mirepoix. — Cette ville prospéra rapidement. En 1317, le pape Jean XXII, d'Avignon[1], en fit le siège d'un évêché, et fonda le diocèse de Mirepoix. Ce diocèse comprit cent cinquante paroisses prises sur le diocèse de Toulouse et sur celui de Pamiers. Raymond de Verdole fut le premier évêque de Mirepoix; il prit possession du nouveau diocèse en l'année 1318. — Jacques Fournier, qui lui succéda en 1326, était le fils d'un boulanger de Saverdun; il devint pape sous le nom de Benoît XII, en 1334.

Le siège épiscopal du diocèse de Mirepoix a été occupé par trente-cinq prélats dont plusieurs appartenaient à la famille des de Lévis. Le dernier évêque a été François Tristan de Cambon qui mourut à Toulouse en 1791[2]. On doit à ce prélat la construction de l'hospice pour les vieillards et

---

1. On se rappelle que, sous Philippe le Bel, les papes vinrent résider à Avignon.

2. « Le vingt ou le dix-neuf novembre mil sept cent quatre-« vingt-onze, dans la ville de Toulouse, paroisse Saint-Etienne, « est mort Monsieur François Tristan de Cambon, ancien évêque de « Mirepoix, âgé de soixante-quinze ans, et qui monta sur le siège

les infirmes qui s'élève tout près de la vieille porte d'Aval.

De nombreux monastères s'établirent dans les différents quartiers de la nouvelle cité et dans ses environs. Les Bénédictins, les Cordeliers, les Pénitents blancs, les Pénitents bleus, les Trinitaires, sans compter les diverses communautés de femmes, dont une fut fondée par Constance de Foix, dame de Lévis, en 1298, et dont le couvent s'appelait *Notre-Dame-de-Beaulieu*. Cette maison religieuse disparut en 1365, détruite de fond en comble par les *Grandes compagnies* qui ruinèrent le pays ainsi que nous le verrons plus loin. Les biens qui dépendaient de ce monastère furent, en grande partie réunis à l'abbaye de Boulbonne ; l'évêque et le chapitre de Mirepoix gardèrent le reste.

« Les Templiers avaient possédé, dans les envi-
« rons, une *commanderie* établie par Roger II,
« seigneur de Mirepoix, en souvenir de son père
« mort à la croisade, et un autre domaine appelé
« *Comegeride*, situé à une demi-lieue au nord-

« épiscopal en 1768, pour lequel nous avons fait des services et
« dit des messes avec la confiance que Dieu lui a fait miséricorde
« vu ses grandes aumônes à l'hôpital de cette ville, montant de
« ma connaissance à trente-quatre mille cinq cents francs, passés
« par mes mains. » Signé : Mailhol, curé. — Extrait des registres mortuaires de l'année 1791. (Archives communales.)

MIREPOIX. — LES CORDELIERS.

Ce portail, qui semble avoir appartenu à quelque temple romain, se trouve au milieu d'une prairie, adossé à une vieille fontaine, dans un domaine qui appartenait, avant la Révolution, à la congrégation des Cordeliers.

« ouest de la ville. Les ruines portent *aujourd'hui*
« le nom de *Combenat*[1]. »

Mirepoix n'était plus la vieille ville féodale,
c'était un immense monastère.

La cathédrale. — L'église Saint-Maurice, devenue cathédrale, fut agrandie et restaurée de 1401 à
1431. Cette construction, commencée sous l'épis-
copat de Bertrand de Malmont, onzième évêque de
Mirepoix, se continua sous son successeur, Guil-
laume II, qui dirigea l'évêché de Mirepoix de 1405
à 1431.

De cette époque datent les chapelles du chœur,
la sacristie, la chambre capitulaire et une partie
de la nef. Ce ne fut que soixante-six ans plus tard,
qu'un évêque de Mirepoix, Philippe de Lévis, im-
mensément riche, fit reprendre la construction de la
cathédrale. On doit à ce prélat le magnifique por-
tique qui s'ouvre sur la face nord de l'église, et
qui est un pur joyau de fines ciselures ; on lui doit

1. D'après M. Vidal, cité par A. Garrigou (*Etudes historiques
sur le pays de Foix*, t. I, p. 35). Nous avons, à ce sujet, inter-
rogé plusieurs habitants qui nous ont avoué ne pas savoir
où se trouvent les ruines de *Combenat* dont parle l'astronome
Vidal.

Ne serait-ce pas *Mazerettes*, où se voit encore une vieille tour ?
Ce domaine a, d'ailleurs, appartenu aux évêques de Mirepoix qui
en avaient fait une résidence d'été.

aussi le superbe clocher à flèche pyramidale qui attire invinciblement le regard des touristes et signale au loin la ville de Mirepoix. Ce clocher fut terminé en 1506. Portail et clocher ont été, récemment, classés comme monuments historiques.

« Citons, d'après Cénac-Moncaut, la verrière de « cette église pratiquée dans le fond de la nef et « représentant saint Pierre et saint Paul, saint « Antoine et saint Jérome. Son dessin hardi, son « coloris puissant rappellent la verrière d'Auch « signée d'Arnaud de Moles ; malheureusement, « tout ce fond de nef du quatorzième siècle est « plus ou moins endommagé [1]. »

Nous ignorons si cette église eut une voûte digne d'une cathédrale, mais ce qui est certain, c'est qu'au début de l'année 1858 elle était couverte par une mauvaise toiture en tuiles, tout au plus digne d'une grange.

Ce fut grâce à l'intelligente initiative du maire de Mirepoix, M. Hector Manent, que l'édifice, commencé au début du quatorzième siècle, put enfin être terminé en 1865.

Cette magnifique voûte, dont on admire la superbe hardiesse et l'étonnante largeur, elle n'a pas moins de 22^{m}5o, se fit d'après les plans

---

1. Duclos, *Histoire des Ariégeois*.

dressés par le célèbre architecte-archéologue Viollet-le-Duc, à qui on doit la restauration de l'admirable *cité* de Carcassonne.

La palais épiscopal. — Ce fut encore l'évêque Philippe de Lévis qui fit construire, à côté de sa cathédrale, en 1497, le superbe palais épiscopal qui se trouve aujourd'hui masqué par des constructions toutes récentes. Ce palais, qui, pendant la Révolution, fut occupé par le Directoire du district, servit de grenier public, et fut affreusement dégradé et ruiné. On le vendit comme *bien national.* Une partie a été de nos jours rachetée par le duc de Lévis-Mirepoix qui y a installé une école congréganiste de filles, dirigée par les Sœurs de Nevers.

Incendie de la nouvelle ville. — Après la défaite du roi Jean à Poitiers, en 1356, notre pays eut beaucoup à souffrir des incursions de ces bandes pillardes connues sous les noms de *Grandes Compagnies* et de *Routiers.*

De 1360 à 1365, plusieurs de ces bandes ravagèrent la seigneurie de Mirepoix, à tel point que les habitants émigrèrent vers la *Catalogne.* En 1362, une de ces troupes de brigands, commandée par le capitaine Jean Petit, mit le feu à la ville de

Mirepoix. Toute la partie méridionale, jusqu'à l'église, fut complètement détruite.

Depuis, elle a été réédifiée en partie, mais sans tenir compte du plan primitif.

En 1372, le duc d'Anjou, gouverneur du Languedoc, permit aux habitants de lever, pendant deux ans, une imposition sur le vin au profit de la communauté, afin d'en employer le produit à la reconstruction de leur ville [1].

On ne conserva que le centre de la cité, soit neuf moulons sur les soixante-dix-sept que la ville en comprenait primitivement. Et encore, les trois moulons du côté de l'est furent partagés en deux par les nouveaux fossés. D'épaisses murailles percées de quatre portes fortifiées défendaient la place et la mettaient à l'abri d'un nouveau coup de main [2].

Une de ces portes, celle de l'ouest, appelée *Porte d'Aval*, existe encore.

De larges fossés entouraient ces murailles.

Sur l'emplacement de ces fossés, qui furent comblés en 1680, s'étendent les *cours* ou promenades entourant le centre de la ville comme une ceinture de verdure.

1. D'après Dom Vaissete, *Hist gén. de Languedoc*.
2. D'après la notice inédite de M. Vidal.

Ce qui resta en dehors des fossés fut appelé *Faubourg* ou *Barry*. Ainsi s'expliquent les noms de *Barry* et de *Faubourg Saint-James* donnés à une des principales rues de la ville actuelle.

Pour loger les habitants dans cette nouvelle enceinte si restreinte, on construisit sur la place, au nord de l'église, trois petits moulons dont les maisons formèrent une saillie semblable à celle qui existait déjà. De telle sorte que la nouvelle place fut, comme l'ancienne, entourée d'un péristyle de couverts et ressembla à un cloître.

Un de ces trois petits moulons, celui du milieu, a, de nos jours, disparu pour faire place à une élégante halle aux grains, inaugurée en 1883.

Maintenant que nous avons raconté comment s'est reconstituée notre malheureuse *cité* que l'eau et le feu ont tour à tour ravagée, nous allons dire comment elle était administrée, et de quelles franchises elle jouissait sous l'ancien régime. Mais nous ne nous attarderons pas sur ce sujet, pourtant si intéressant, car nous désirons surtout donner en détail la période révolutionnaire, si curieuse et si utile à bien connaître.

CHAPITRE IV.

Organisation communale avant la Révolution.

Les documents et les ouvrages mis à notre disposition pour faire cette étude ne nous permettent pas d'indiquer quelle fut l'organisation communale de notre petite cité antérieurement au quatorzième siècle.

Il est probable que Mirepoix eut pendant le Moyen âge une administration indépendante de l'autorité des seigneurs féodaux, ainsi que cela existait dans toutes les villes du midi de la France où l'influence de la civilisation romaine s'était fortement exercée.

Le mouvement d'émancipation populaire que l'histoire mentionne au douzième siècle ne s'effectua que dans le nord et dans le centre de la France.

Les villes du Midi formaient des *cités* ou *consu-*

lats, c'est-à-dire des villes libres administrées par des *consuls* ou *maires*.

Mais si nous ne sommes pas suffisamment renseignés sur l'organisation de la ville féodale, nous savons d'une manière sûre comment était administrée la ville monastique au quatorzième siècle.

La cité. — Nous avons déjà vu que Mirepoix devint, en 1317, le chef-lieu d'un diocèse et par cela même la ville se trouva érigée en *cité*. Deux de ses consuls siégeaient aux Etats généraux du Languedoc où ils occupaient le second rang avec ceux de Limoux, d'Alet, de Castres, etc...

Le Conseil politique. — La commune, ou le consulat de Mirepoix, était administrée par un *Conseil politique* de vingt-quatre membres, parmi lesquels on choisissait les quatre consuls qui étaient chargés de la direction des affaires communales.

Les membres de ce Conseil étaient divisés en trois classes, savoir : la *haute bourgeoisie*, qui se rapprochait de la noblesse; la *moyenne bourgeoisie*, qui comprenait les marchands et les patrons; et enfin la *petite bourgeoisie*, comprenant tous les ouvriers. Chaque classe avait donc *huit* conseillers.

Le Conseil politique se renouvelait par moitié chaque année, toujours à la même date : le vingt-cinquième jour du mois de novembre.

Ce renouvellement se faisait d'une manière fort simple; il n'y avait pas d'élections comme de nos jours. Chaque conseiller sortant désignait lui-même son successeur qui devait être agréé par les autres conseillers. Si parmi les membres soumis au renouvellement quelques-uns étaient absents ou décédés, le *consul* qui présidait la séance choisissait les remplaçants et les proposait au Conseil. Ce droit lui était parfois contesté.

Election des consuls. — Le lendemain de son renouvellement, le nouveau Conseil se réunissait et procédait à l'élection des *consuls* qui administraient la communauté.

Les consuls se renouvelaient aussi par moitié, savoir : la première année, on nommait le deuxième et le quatrième consul; la deuxième année, c'était le tour du premier et du troisième. On voit par là que les pouvoirs des consuls avaient une durée de deux ans.

Chacun des *consuls* renouvelables présentait, pour lui succéder, deux citoyens pris parmi les membres du Conseil politique; l'assemblée choisissait. Ce choix se faisait le plus souvent à *haute voix*, mais, sur la demande d'un membre, il pouvait se faire au scrutin secret.

Les quatre consuls recevaient une indemnité payée par la ville. Ainsi, le budget de l'année 1690 porte :

Pour le 1er et le 2e consuls, chacun... 40 livres.
Pour le 3e et le 4e   —   —   3o   —

Attributions des consuls. — Les consuls avaient sous leurs ordres la *milice bourgeoise* ou garde communale qui veillait à la sûreté et à la tranquillité des habitants; ils rendaient la *justice* de concert avec les juges seigneuriaux et royaux; ils nommaient le *maistre d'escole* (ce droit leur fut disputé, en 1687, par l'évêque); ils choisissaient les *gardes messiers* ou gardes des moissons; ils nommaient les *valets de ville;* ils préparaient le budget communal et faisaient l'emploi des fonds; enfin, deux d'entre eux représentaient la ville de Mirepoix aux Etats généraux du Languedoc.

Maires royaux. — Mais l'autorité royale, toujours soupçonneuse et jalouse, s'immisça dans les affaires communales au mépris des antiques privilèges de la province. En 1692, Louis XIV créa les charges de commissaires royaux dans toutes les villes consulaires. Ces représentants de l'autorité royale furent les véritables maires de la cité et reléguèrent au second plan les *consuls* élus par leurs pairs.

Ainsi disparurent les dernières libertés et franchises communales.

Ces nouvelles charges s'achetaient, et comme elles constituaient une source de gros revenus pour les caisses royales, Louis XIV, à partir de 1706, ne les concéda que pour trois ans. Bientôt même, au lieu d'un maire royal, il y en eut deux ; le second prit le nom de maire alternatif.

Ainsi, en l'année 1720, nous trouvons la nomination du sieur Jean-Jacques Régis de Cambacérès, conseiller du *roy* et *maire alternatif* de la ville de Mirepoix. Cette charge lui coûtait 20,000 livres. La communauté payait annuellement à chacun de ces commissaires royaux la somme de 40 livres.

Budget communal. — Nous venons de dire que les consuls préparaient le budget communal. Ce budget était ensuite soumis aux délibérations du Conseil politique. Sur ce budget, on inscrivait le montant des *tailles* qui revenaient au roi et dont la répartition se faisait par diocèses. Dans la communauté de Mirepoix, cette part du roi fut, pour l'année 1769, de 8,277 livres 18 sols et 6 deniers, tandis que les dépenses communales ne s'élevaient qu'à la somme de 1,324 livres 10 sols et 2 deniers[1].

D'où il résulte que le montant des impositions dues par la communauté s'élevait à 9,602 livres 8 sols et 8 deniers.

Pour faire la levée de ces impôts, le Conseil choisissait un *collecteur* parmi les habitants solvables de la cité. Un des membres du Conseil devait se porter *garant* et *répondant* pour ledit collecteur. Celui-ci, moyennant une redevance que nous trouvons fixée, dans le budget cité plus haut, à 6 deniers par livre, ce qui fait 2 fr. 50 c. %, s'engageait à faire rentrer les fonds. Mais souvent il pressurait la population, et alors, devant les plaintes nombreuses qui se produisaient, le Conseil politique obligeait le *collecteur* concussionnaire à remettre ses comptes et à restituer les sommes qu'il avait extorquées.

Les consuls, à l'expiration de leurs pouvoirs, devaient aussi produire leur compte de gestion devant les nouveaux consuls et Conseil politique.

Travaux communaux. — 1° Les fossés. — Les conseillers municipaux s'occupaient d'une manière

1. Budget de l'année 1769. (Archives communales.)

toute particulière des travaux d'embellissement et d'assainissement de leur cité. Mirepoix devint, ce qu'elle est restée de nos jours, une des petites villes les plus coquettes, les plus jolies du midi de la France.

En l'année 1650, sur l'ordre du roi, la commune emprunte la somme de 400 livres pour faire des réparations aux murailles et aux fossés qui entouraient la partie centrale de la ville. La France était alors en guerre avec l'Espagne et on craignit, un moment, une invasion de notre région par les armées espagnoles.

Mais ces fossés devinrent un foyer de pestilence, si bien qu'en 1680 les Consuls les firent combler. Ils firent aussi démolir une partie des murailles et des portes qui gênaient la circulation.

2° **Cimetière.** — Le Conseil politique décida, en 1655, le déplacement du cimetière qui se trouvait alors sur les bords de l'Hers, sur sa rive gauche, auprès d'une chapelle dédiée à saint Michel.

Pourtant, ce ne fut qu'en 1664 que cette chapelle et le cimetière furent transportés à l'emplacement qu'ils occupent aujourd'hui, ainsi que l'indique une inscription gravée au-dessus de la porte d'entrée de la chapelle du cimetière.

MIREPOIX. — LES COUVERTS.
Ces galeries, datant du treizième siècle, entourent la place principale.

3° **Reverbères.** — Dès 1686, les rues de notre ville étaient éclairées par des reverbères, et une fontaine publique aux eaux « saines et claires » jaillissait au milieu de la place. Des abattoirs ou *affachoirs* furent installés à proximité du ruisseau du Contirou.

4° **Ecoles.** — Une école de latin, fondée à Mirepoix à une époque que nous n'avons pu découvrir, était en pleine prospérité en 1687. Mais elle ne devait pas être merveilleusement installée, car, le 28 décembre de cette même année, le premier consul expose au Conseil politique « qu'il est « urgent de travailler à la réparation du *collège*, « afin que le sieur Dethos, régent de latin, puisse « y loger commodément et que les *escoliers* qui « y vont puissent faire leurs « *lessons* » et se met- « tre à couvert de leur vie[1] ».

A côté de ce collège nous trouvons, en 1694, une autre école plus modeste destinée aux enfants pauvres, et dont le *régent* ne touchait annuellement de la commune que la modeste somme de 60 livres. Il est vrai de dire que les fonctions de maître d'école n'étaient pas les seules qu'exerçaient les institu- teurs de cette époque : ils étaient, en même temps,

1. Archives communales

chantres, organistes, sacristains, sonneurs de cloches, etc...

Au mois de mai 1758, l'évêque de Mirepoix, Mgr de Champflour, installa les Frères de la Doctrine chrétienne dans notre localité. Mais cette école ne dépendait que de l'évêché, elle ne recevait aucune subvention communale, et il n'en est jamais question dans les délibérations du Conseil politique.

Quant aux écoles de filles, il en existait deux à la fin du dix-septième siècle.

L'une était une sorte de pensionnat fondé par une marquise de Mirepoix.

Cette école, dirigée par les *demoiselles régentes*, n'était fréquentée que par les jeune filles de la haute bourgeoisie, que l'on appelait les *Mirepoises*.

Après la révocation de l'édit de Nantes (1685), un pensionnat qui tenait du couvent et de la prison fut établi à Mirepoix sous le nom d'*Ecole des nouvelles catholiques*. On comprend ce que cela voulait dire ! Les jeunes filles protestantes étaient enlevées à leurs parents, et on en faisait, de force, des catholiques. Voilà comment on respectait alors la *liberté du père de famille* et la liberté de conscience [1].

1. Cette école des *Nouvelles catholiques*, établie par permission du roi, était dirigée en 1769 par D^{lle} Cabanié, à laquelle la cité

Enfin, plus tard, on établit, dans une des salles de l'Hospice, une école où l'on *gardait* les filles pauvres. On n'enseignait, dans cette dernière école, que le catéchisme et l'histoire sainte.

5° **Hôtel de Ville.** — La commune de Mirepoix, dans le courant de l'année 1686 ou 1687, avait acquis deux maisons pour y installer l'Hôtel de Ville. Mais « lesdites maisons menaçaient ruine à « tel point que les membres du chapître cathédral « refusèrent d'y passer dessous pendant les pro- « cessions, en l'année 1688[1] ».

Cela nous fait supposer que cet Hôtel de Ville se trouvait sur la grande place, parmi les maisons formant les galeries couvertes, où, chaque année, les processions de la Fête-Dieu et du premier dimanche de juillet se déroulent en grande pompe[2].

accordait une subvention de 145 livres 10 sols 10 deniers. (Budget de 1769. — Archives communales.)

1. Archives communales.

2. Cette procession de juillet se fait de temps immémorial et nous en avons trouvé trace dans les budgets de 1686. Elle fut ordonnée à la suite d'un vœu fait par le Conseil politique et appelé *vœu de ville*. (Il figure encore au budget.)

L'origine de ce vœu de ville est assez curieuse : un terrible incendie, qui menaçait de consumer le quartier du Grand-Couvert, fut arrêté brusquement par une procession accompagnant l'ostensoir qu'un prêtre avait eu l'idée d'aller chercher dans l'église cathédrale. Pour perpétuer ce *miracle*, on fait encore de nos jours la procession du 1er juillet.

Ce n'est pourtant pas l'Hôtel de Ville actuel, qui ne fut acheté qu'en 1804. Quoi qu'il en soit, le 17 octobre 1688, le Conseil politique ordonna la démolition des maisons achetées et la reconstruction de la *Maison commune.*

Nous sommes à nous demander si ce ne serait pas la remarquable *maison Jalabert-Barousse* qui aurait été cet *Hôtel de Ville.* Cette antique maison, que l'on désigne encore sous le nom de *Maison syndicale,* nous offre un curieux spécimen de l'art de la *Renaissance.* L'extrêmité de chaque poutre, tant à l'extérieur qu'à l'intérieur des galeries, est artistement sculptée.

On voit émerger du bois des têtes de bêtes fantastiques, des figures de moines, d'enfants, de femmes... et tout cela avec une intensité de vie vraiment surprenante. Cette vieille maison a été classée comme *monument historique.*

6° **Hospice.** — Les pauvres, les infirmes et les malheureux étaient recueillis dans un *hospice* fondé en 1662, par autorisation de Louis XIV. A deux lieues à l'est de Mirepoix, il existait un second établissement de bienfaisance qu'on appelait l'*Hospice de Caudeval.* En l'année 1756, par arrêt du Conseil d'Etat, cet hospice fut réuni, avec ses biens et revenus, à celui de Mirepoix.

Enfin, en 1785, Mgr de Cambon, évêque de Mirepoix, d'accord avec le Conseil politique, fit reconstruire l'hospice sur l'emplacement qu'il occupe de nos jours, et en fit un établissement admirablement aménagé. Les plans et devis de cet hospice furent dressés par l'ingénieur-architecte Mercadier, de Foix.

7° **Le pont.** — La ville de Mirepoix prospérait, ses foires attiraient une affluence considérable d'étrangers. C'était un centre important pour le commerce des céréales, pour les draps et les lainages, pour les fers travaillés aux forges de Manses et de Queille, etc...

Aussi fallut-il songer à remplacer le pont en bois qui servait à franchir la capricieuse rivière de l'Hers, dont les inondations l'enlevaient parfois comme un fétu de paille, par un solide pont en pierres de taille.

Cet important ouvrage, dont la construction fut décidée et ordonnée par les États généraux du Languedoc, est un véritable chef-d'œuvre de maçonnerie.

Commencé en l'année 1776 ou au début de 1777, il ne fut terminé qu'en 1789.

Toutes les pierres qui sont entrées dans la construction de ce pont immense (il n'a pas moins de

2o6 mètres de longueur) ont été extraites des car-
rières de la Bastide-de-Bousignac.

Les droits seigneuriaux. — Les de Lévis, seigneurs de Mirepoix, exerçaient leurs droits seigneuriaux sur la ville et le consulat de Mirepoix.
Ces droits, nous les avons trouvés énumérés dans
un acte d'hommage et de reconnaissance des consuls de Mirepoix en faveur du seigneur de Lévis,
en l'année *1688*. Nous transcrivons en son entier
cette reconnaissance :

« Les consuls de la communauté déclarent re-
« connaître que le seigneur marquis de Mire-
« poix est seigneur haut justicier[1], moyen et bas
« de la ville de Mirepoix, suivant les us et coutu-
« mes; — qu'il fait exercer la justice par son juge
« ordinaire, qu'il institue et destitue quand bon
« lui semble, aussi bien que par les autres offi-
« ciers; — que le dit seigneur a le droit de pren-
« dre, ainsi qu'il a accoustumé, le droit de *los*[2] de
« toutes les ventes et changement de main des
« biens du consulat et de la ville, au douzième de-

---

1. Le seigneur haut justicier avait le droit de juger les cri-
minels, mais la sentence devait être confirmée par les juges
royaux.

2. Le droit de *los*, ou *lods*, était le droit de mutation des biens
soit par *vente* ou *héritage*.

« nier, ensemble le droit de foriscapion qui est le
« douzième du dit los; — que tous les vaquans,
« non inféodés ni reconnus, appartiennent en seul
« au dit seigneur qui a le droit de les inféoder
« sous telle redevance et droit d'entrée que bon
« lui semble; — que le dit seigneur de Mirepoix
« possède dans le dit consulat deux moulins fari-
« niers banals, auxquels les habitants sont obli-
« gés d'aller moudre leur grain, et le musnier du
« dit seigneur prend, comme il a accoustumé, la
« douzième portion, et est tenu de bien moudre
« tous les grains, à peine d'en répondre de leur
« valeur et de l'amende de trois livres, et en cas
« que les dits habitants aillent faire moudre leurs
« grains en d'autres moulins, ils seront tenus de
« payer la même amende de trois livres, et se sou-
« mettre à la confiscation de la farine; — que les
« fours que le dit seigneur possède dans la ville
« sont aussi banals, et le fermier est obligé de
« fournir le bois et de bien faire cuire le pain, et
« pour ce, les habitants payent au fermier la ving-
« tième partie du dit pain; — que les mesures à
« grains appartiennent au dit seigneur, qui a le
« droit de les affermer comme il a ci-devant fait,
« sans que les habitants taillables et contribua-
« bles payent aucun droit de mesurage soit dans
« leurs maisons, soit aux dites mesures, et le dit

« droit de mesurage n'aura qu'à l'égard des
« étrangers qui vendront ou achèteront; — que le
« droit de *Leude* et péage qui se prend dans la
« dite ville sur toutes les denrées et autres choses
« subjectes au dit droit, que les étrangers y ven-
« dent et débitent, font conduire et passer, appar-
« tient au dit seigneur suivant les anciens leu-
« daires et conformément à ses dénombrements, et
« au surplus, mon dit seigneur sera très humble-
« ment supplié par les dits consuls et députés de
« vouloir confirmer aux habitants de la commu-
« nauté les privilèges, biens et facultés que ses
« prédécesseurs ont accordés à la dite communauté
« suivant ses anciens titres, et de vouloir permettre
« aux dits habitants destirper leurs prés et arra-
« cher leurs vignes dans l'étendue du consulat,
« sans exiger d'autre droit que celui sous lequel
« les dits prés et vignes se trouvent avoir été re-
« connus. »

(Archives communales de Mirepoix.)

Voilà donc quels étaient les droits que les seigneurs de Lévis exerçaient sur la ville et la communauté de Mirepoix avant 1789. La Révolution
fera disparaître tous ces privilèges féodaux en
proclamant l'égalité de tous les citoyens.

CHAPITRE V.

La Révolution.

Nous voici arrivés à la partie la plus intéressante de notre histoire, car il est curieux d'observer comment s'est opéré ce travail de transformation sociale au sein même du peuple, et d'assister à la répercussion des événements, parfois tragiques, qui s'accomplissent dans la grande capitale.

Etats généraux. — Réunions préparatoires. — Dès le 1ᵉʳ janvier 1789, le Conseil politique de Mirepoix se préoccupa de la prochaine réunion des *Etats généraux.* Le premier consul de la ville, M. Antoine Cairol, informa le conseil qu'il avait reçu de plusieurs villes de la province des délibérations relatives aux *intérêts du Tiers-Etat.*

Une commission, composée de MM. Léon Bauzil, avocat, Espert, bourgeois, Avignon, notaire, et

Gabriel Clauzel, négociant, fut nommée pour étudier lesdites délibérations et présenter un rapport. Ce rapport fut lu dans la séance du 7 janvier; l'on décida qu'une réunion de *notables* et *bientenants* de la communauté serait convoquée pour le 11 janvier, « à l'effet d'y entendre de nouveau la lecture « de ce rapport et de délibérer sur ses conclu- « sions ».

Nous n'avons pas retrouvé le texte de ce document qui demandait la convocation d'une assemblée générale des trois ordres du diocèse. Des lettres circulaires furent envoyées à MM. les consuls et aux curés de chaque communauté et paroisse, leur annonçant la tenue de cette assemblée pour le 16 janvier.

Il est vraiment regrettable que les procès-verbaux de ces réunions aient disparu des archives communales. C'est, en effet, dans ces assemblées que s'élaborèrent les fameux cahiers de 1789, où le peuple exposait ses souffrances et formulait ses vœux pour l'organisation d'une société meilleure.

Les habitants notables de Mirepoix furent représentés à cette assemblée générale du 16 janvier par trente délégués, et les ouvriers par autant de délégués qu'il y avait de corps de métiers dans la ville.

Elections des députés. — Au mois de mars 1789, MM. Espert, Donnézan, Fontès et Gabriel Clauzel furent députés à Limoux, chef-lieu de la sénéchaussée de laquelle dépendait Mirepoix, pour y procéder à l'élection des députés du Tiers-Etat aux Etats généraux, qui devaient se réunir à Versailles le 5 mai suivant.

Nouvelle de la prise de la Bastille. — Pendant que les premiers événements de la grande Révolution s'accomplissaient à Versailles, les citoyens de Mirepoix suivaient anxieusement la marche rapide du parti plébéien vers l'égalité. Aussi, lorsque le 26 juillet ils apprirent la nouvelle étonnante, incroyable de la *prise de la Bastille*, tous se réunirent à l'Hôtel de Ville, *sans distinction d'ordres*, pour y délibérer sur les affaires publiques.

Les citoyens de Mirepoix déclarèrent solennellement adhérer à tous les arrêtés de *l'auguste Assemblée Nationale;* ils adressèrent aux membres de cette assemblée « l'expression de leur vive « reconnaissance à cause des mesures qui ont été « prises pour faire cesser l'effusion du sang, pour « éloigner les troupes et démolir le *monument* « *d'un despotisme barbare* ». On sent très bien que ces braves gens ne connaissaient pas encore comment ce grand événement s'était accompli, et ils en reportaient tout l'honneur sur l'assemblée nationale. Ainsi, ce n'est plus le Conseil politique mais le peuple tout entier qui s'assemble et déli-bère sur les *affaires publiques.*

Le procès-verbal de cette réunion populaire fut envoyé sous forme d'*adresse* à l'Assemblée Natio-nale, et l'on chargea les députés de la sénéchaus-sée de le déposer sur le bureau du président. Tout serait à citer dans cette *adresse*, mais nous nous contenterons de transcrire les quelques lignes qui la terminent, parce que nous trouvons sublime ce cri de fierté, de désintéressement et de sacrifice ! « Les citoyens de Mirepoix prient leurs députés « d'exprimer leurs sentiments et leurs vœux à « l'auguste Assemblée, de les mettre sous les « yeux du Roy, et de rappeler qu'aux pieds des « Pyrénées il est un peuple de sujets courageux « et fidèles, héritiers d'ancêtres magnanimes qui, « n'ayant jamais été serfs, abhorrent l'esclavage « et les tyrans !... que nos biens, nos cœurs, nos « bras sont au service du Roy et de l'Assemblée. » On fit la lecture de cette *adresse* au peuple réuni sur la place publique, et aussitôt toutes les mains se levèrent et tous firent le serment de maintenir « aux dépens de leur sang la *Constitution* qui « sera établie ». Cela fait, les citoyens se rendi-rent à la cathédrale au son des cloches et des salves d'artillerie ; tous étaient décorés de la *cocarde tricolore,* qu'ils appelaient la cocarde de la *paix.* Un *Te Deum* fut chanté avec la plus grande solennité, et le soir on alluma un feu de joie, aux cris de : « Vive le Roy ! Vive l'Assemblée Nationale ! Vive monsieur Necker ! » Une illumination générale de la ville termina ce « *beau jour, le plus* « *heureux des jours* », ainsi que le dit le document qui nous a conservé le récit de cette journée mémorable.

Le peuple s'arme. — Cette touchante unanimité des cœurs et ce bel enthousiasme qui saluèrent la prise de la Bastille furent bientôt troublés. Des bruits alarmants, lancés on ne sait par qui, jetèrent l'épouvante dans le pays. Des *brigands,* que d'ailleurs personne ne vit jamais, parcouraient, disait-on, la contrée, pillant, brûlant, dévastant tout.

Le peuple se souleva et demanda des armes pour défendre ses foyers.

Le 4 août, une assemblée générale des citoyens de Mirepoix se tint sur la place publique, et le vicomte *de Lasset* fut nommé, par acclamation, commandant de la milice bourgeoise qui devint la *garde nationale.*

Le lendemain, nouvelle réunion populaire dans

laquelle M. de Lasset blâme énergiquement l'insouciance et l'inertie de la municipalité. Il réclame l'armement immédiat des citoyens.

Le maire ou premier consul, M. Antoine Cairol, s'empresse de convoquer le Conseil politique et invite les habitants à assister à cette réunion.

Dans un discours très sage, très mesuré, il tâche de calmer les esprits, de les rassurer en montrant que le péril des *brigands* n'est « qu'imaginaire, « que les villes et les villages qu'on disait avoir « été incendiés ignorent les coups, les attentats et « même l'existence de ces scélérats ». Il fait appel à la paix, à la concorde, à l'union de tous les citoyens. Il propose pourtant de réorganiser la *milice* et de lever une taxe extraordinaire qui devra être payée en argent par *toutes les classes*, afin d'acheter des armes et des munitions.

A l'unanimité, le Conseil approuve les propositions du maire, et nomme, de son côté, le sieur *de Simorre,* commandant de la garde nationale. Il y eut donc deux commandants.

Cependant, la surexcitation des esprits amenée par cette peur des *brigands* gagnait tout le pays, et, le 14 août, des délégués de Peyrat, de Bélesta, de Larroque, de Lavelanet et de Sainte-Colombe se rendent à Mirepoix pour se *confédérer,* afin de constituer une troupe capable de défendre le pays.

Une assemblée générale du peuple s'organise à cette occasion; elle fut présidée par le citoyen Gabriel Clauzel, qui devait jouer un rôle si important à Mirepoix pendant la période révolutionnaire.

Clauzel attaque violemment les consuls de la ville, les accuse de négligence et de mauvais vouloir. L'effervescence populaire fut alors si grande que l'on « *déclara destituée* la municipalité ».

Il est certain que cette réunion n'avait aucun pouvoir pour prononcer cette destitution; c'était bien la révolution qui commençait dans notre petite localité.

Mais les consuls ne tinrent aucun compte de cette décision et continuèrent à administrer la ville.

Dans un esprit de conciliation, ils chargèrent MM. de Lasset, de Simorre et Pons d'organiser la garde nationale et d'établir un règlement détaillé du service.

Dès le 16 août, cette organisation et ce règlement étaient approuvés par le Conseil politique de la commune. Les citoyens valides de quinze à soixante ans faisaient partie de cette milice dont les officiers étaient *élus* par les hommes qu'ils devaient commander.

Le 18 août, on décida d'acheter, à Saint-Etienneen-Forez, deux cents fusils pour l'armement de cette garde nationale.

Cependant, les assemblées populaires continuaient à prendre des décisions en dehors du Conseil politique, et ce nouveau pouvoir qui se dresse en face l'ancienne organisation communale ne tardera pas à absorber toute l'autorité et à diriger les affaires publiques.

Ainsi, le 3o août, l'assemblée populaire, qui avait pris le nom de *Conseil général* de la commune, nomme les citoyens de Lasset et de Raissac comme délégués à une réunion qui devait se tenir à *Bélesta* pour y organiser définitivement la *Confédération des Pyrénées*. Elle leur donne tout pouvoir pour l'élection du commandant général des forces de cette confédération. Le district militaire de Mirepoix comprit alors les communes de La Bastide-de-Bousignac, Lagarde, Sibra, Caudeval, Lignairoles, Seignalens, Malegoude, Saint-Gaudéric, Cazazils, Plavilla, Plaigne, Besset, Coutens, Tourtrol, Viviès et Dun. — Voilà quels furent les mouvements populaires qui aboutirent à la formation de la garde nationale et au groupement des communautés.

Destitution des consuls. — Le 22 novembre 1789, une assemblée générale des citoyens de

Mirepoix est convoquée et les consuls sont invités à y assister. Ils ne s'y rendirent pas. Le citoyen Bauzil, avocat, présida cette réunion, et, dès le début, donna la parole au vicomte de Lasset. Celui-ci, après un violent réquisitoire contre la municipalité, engage les citoyens présents à déclarer que « les consuls n'ont plus la confiance de « la population et sont destitués ».

Nous avons dit que pareille décision avait été prise le 14 août précédent mais sans aucun résultat. Cette fois, s'appuyant sur le décret du 15 octobre 1789, l'assemblée procéda à l'élection des nouveaux consuls.

M. de Lasset fut élu 1er consul par 135 voix sur 162 votants ; M. Gabriel Clauzel, élu 2e consul par 147 voix sur 162 votants ; M. Pierre Durand, élu 3e consul par 89 voix sur 162 votants, et François Simorre, 4e consul par 85 voix sur 162 votants.

« Lesquels citoyens étant présents, ont accepté « leur charge, et ont fait serment devant toute « l'assemblée, la main mise sur les saints Evan-« giles, de bien fidèlement remplir les devoirs « de leur charge, d'être fidèles à la Nation, à la « Loi et au Roy. »

Dès ce moment, la nouvelle municipalité entra en fonctions et fit défense aux anciens consuls et aux habitants de troubler les nouveaux élus dans l'exercice de leurs charges.

Elle ordonna que les robes et chaperons consulaires leur seraient remis de suite par les consuls destitués.

Le citoyen Clauzel, prenant la parole, accuse ces consuls de négligence et constate qu'ils n'ont ni enregistré, ni publié les décrets de l'Assemblée nationale. Sur sa motion, la réunion décide que lesdits consuls seront « dénoncés comme préva- « ricateurs dans leurs fonctions et coupables de forfaiture ».

Un autre citoyen dit que lors de l'établissement de la garde nationale il fut nommé deux commandants, que cette double nomination a amené des divisions dans la milice, et qu'il propose, en conséquence, de remettre le commandement à un seul.

Sur quoi il a été arrêté, par acclamation, « que « le commandement en chef de la garde nationale « est déféré au citoyen de Lasset, premier consul ».

On destitua en même temps le sieur Pons, major de la milice, et on nomma à sa place le citoyen Alexandre Marcel.

Il fut décidé, en outre, que le procès-verbal de cette réunion serait adressé à M. le Président de l'Assembée constituante, aux députés de la sénéchaussée et à M. le comte de *Mirabeau*.

Emeute populaire. — Mais la petite révolution qui venait de s'opérer ne tarda pas à occasionner des troubles dans la ville. Une émeute éclata le lendemain de cette importante réunion du 22 novembre. Les nouveaux consuls furent obligés de requérir la maréchaussée et la garde nationale pour réprimer ce soulèvement populaire provoqué par l'ancienne municipalité.

Lorsque l'ordre fut rétabli, les consuls nouvellement élus, revêtus des manteaux et chaperons consulaires, assistés du greffier et du valet de ville, parcoururent toutes les rues en portant un drapeau rouge. Ils publiaient aux carrefours la *Loi martiale*, en tout son contenu. Cela fait, ils rentrèrent à l'Hôtel de Ville où le drapeau rouge fut arboré à la principale fenêtre.

Election du Conseil politique. — Une nouvelle assemblée générale de citoyens fut tenue le lendemain, 24 novembre, afin de procéder à l'élection des membres du Conseil politique qui devaient être au nombre de seize.

Le maire, de Lasset, préside la réunion. Il dit qu'avant d'ouvrir le scrutin l'assemblée doit d'abord destituer les membres de l'ancien conseil « *élus par l'usage abusif* », sauf à les élire de nouveau en la forme indiquée par l'Assemblée nationale dans son décret du 15 octobre 1789. Cela fait, on désigna comme membres du conseil municipal les citoyens : Espert, Léon Bauzil, Fontès, Malroc de Lafage, Avignon, Billard, Arnaud, Manent, Jalabert, Brives, Boudouresques, Cabanes, Bar, Malot, Baillé et Malroc Lapeyrade. Il n'y eut que soixante-trois votants, tandis que l'avant-veille de l'élection des consuls il y en avait eu cent soixante-deux !..... C'est qu'à la même heure se tenait une autre assemblée chez le sieur Combes, ancien deuxième consul. Là, on procédait aussi à l'élection des consuls et des membres du Conseil politique, toujours conformément au décret déjà cité.

C'était bien l'anarchie complète !

Mais, voulant éviter des troubles qui sûrement auraient amené l'effusion du sang, le sieur Vidalat, qui venait d'être élu premier consul, *maire*, dans la réunion tenue chez le citoyen Combes, renonça à cette charge parce qu'il croyait son élection *illégale*. Il fit signifier sa décision au sieur Combes par ministère d'huissier, et il ajoutait : « J'entends « expressément laisser le sieur de Lasset jouir « pleinement et paisiblement de tous les droits de « sa charge à laquelle je n'apporterai aucun trou- « ble ni empêchement. »

Cependant, l'ancienne municipalité fit afficher

un manifeste pour protester contre les élections des 22 et 24 novembre et pour faire connaître à la population le résultat des scrutins qui avaient eu lieu chez le sieur Combes. Dans ce manifeste, ils déclarent maintenir dans leurs fonctions les sieurs de Simorre et Pons, l'un commandant et l'autre major de la garde nationale.

Aussitôt MM. de Lasset et Clauzel ripostent en convoquant leur Conseil politique. Au début de la séance, le maire de Lasset proteste contre la conduite de « certains habitants, instruments de « l'intrigue du plus barbare despotisme et de l'au- « torité féodale heureusement mourante, qui vou- « draient toujours des consuls dévoués à seconder « son insatiable cupidité, et qui ont élu, dans les « ténèbres, sous la direction de ces agents, de pré- « tendus conseillers et quatre consuls ».

Cette attitude énergique assura le triomphe du parti révolutionnaire à Mirepoix. Les citoyens de Lasset et Clauzel restèrent au pouvoir.

Le nouveau conseil, dans la séance du 6 décembre, constate que l'on n'a pas encore appliqué le décret du 27 septembre portant que les biens des *cy-devants privilégiés* doivent être imposés pour les six derniers mois de l'année 1789, ni celui du 6 octobre réglant la manière dont doit être perçue la contribution patriotique.

Le conseil décide de faire exécuter sur-le-champ lesdits décrets.

Nouvelle émeuté. — De nouveaux troubles éclatèrent bientôt, suscités par les anciens consuls. Ceux-ci obtinrent un arrêt du Parlement de Toulouse, en date du 11 décembre, portant que les anciens Conseils politiques devaient rester en exercice jusqu'à l'application prochaine de la nouvelle loi municipale.

Lorsque cet arrêt fut connu, une foule énorme de peuple envahit l'Hôtel de Ville en vociférant contre les consuls.

Il fallut à Gabriel Clauzel une énergie peu commune pour résister à ce mouvement et tenir tête à ces énergumènes. Il protesta de toutes ses forces contre l'arrêt du Parlement et montra qu'il était en contradiction avec les décrets de l'Assemblée nationale ; il finit par calmer les passions de la foule et évita ainsi l'effusion du sang. Encore une fois, e parti de la Révolution triompha, mais ce ne fut pas sans peine !

Loi municipale. — Enfin, le 29 janvier 1790, la loi municipale fut promulguée et appliquée aussitôt. Nous rentrons dans la légalité ; le peuple nomma définitivement les administrateurs de la commune.

Voici la partie importante de cette loi : Pour prendre part au vote, il fallait être *citoyen actif;* on donnait ce titre aux citoyens âgés de vingt-cinq ans et payant un impôt équivalant à trois journées de travail. Cet impôt, à Mirepoix, fut fixé à *36 sols*, la journée ayant été évaluée à *12 sols*.

Les citoyens qui payaient *6 livres* d'impôts étaient seuls éligibles.

Le *maire* était nommé par tous les citoyens actifs et son élection précédait celle des conseillers municipaux. Il était élu pour deux ans, mais le conseil se renouvelait par moitié chaque année.

L'élection des conseillers se faisait au scrutin de liste double, c'est-à-dire que chaque électeur portait un nombre de candidats double de celui qui était nécessaire pour former le *Conseil municipal.*

L'ensemble des élus, ainsi nommés, formait le *Conseil général* de la commune, et la première moitié de ce conseil constituait le Conseil municipal.

En 1790, le *Conseil général* de Mirepoix se composait de dix-huit membres, tandis que le Conseil municipal n'en comprenait que neuf.

Ces deux conseils se réunissaient, sur la convocation du maire, au moins une fois par mois, pour le Conseil municipal, et, pour le Conseil général, toutes les fois que le maire le jugeait nécessaire.

C'est le Conseil municipal qui nommait les adjoints au maire. Ceux-ci étaient au nombre de deux.

Le 31 janvier 1790 eut lieu l'élection de la municipalité, dans la chapelle des Pénitents-Bleus. Le vicomte de Lasset fut élu maire par 233 voix sur 243 votants.

On voit par ces chiffres quels progrès avait fait le parti démocratique dans notre petite cité.

Les citoyens Clauzel et Fontès furent ensuite choisis comme adjoints au maire.

Disette. — Cependant, le peuple souffrit beaucoup de la misère pendant ce rude hiver de 1789-1790. On fit des quêtes en ville et on ouvrit des chantiers municipaux pour procurer du travail aux ouvriers.

Poussée par la disette et craignant la famine, la population s'ameuta contre la municipalité. Elle voulut exiger l'interdiction de la *libre circulation des grains.*

Le Conseil général de la commune répondit qu'on ne pouvait prendre une telle mesure, car elle serait contraire aux *lois.* D'ailleurs, la rareté des grains était factice ; ils restaient cachés dans les greniers des riches propriétaires, qui avaient adopté comme tactique d'affamer le peuple afin de l'obliger à abandonner les premières conquêtes de la Révolution et à revenir vers *l'ancien régime*. Pour déjouer cette honteuse manœuvre, la municipalité fit procéder au recensement général des grains dans la commune, et cette enquête montra qu'il y avait de *disponibles*, dans les greniers, 5,099 *setiers*[1] de blé et 809 setiers de maïs, quantité plus que suffisante pour assurer la subsistance de toute la population, car les boulangers, consultés à cet effet, déclarèrent qu'avec 3,250 setiers de blé, ils se chargeaient de nourrir tous les habitants jusqu'aux moissons prochaines.

Cette double constatation ramena un peu de calme dans la localité; mais la *réaction*, toujours aux aguets, créa de nouvelles difficultés à la municipalité révolutionnaire. Une partie des hommes qui composaient la *garde nationale* se sépara, refusa l'obéissance au maire, et forma une milice qui prit le nom de *Légion Saint-Maurice*.

Lorsque, à la date du 1er mars 1790, les hommes de la garde nationale durent prêter le *serment de fidélité* à la Nation, cette légion Saint-Maurice ne se rendit pas à cette cérémonie, qui eut lieu sur la place publique. La municipalité montra une fois de plus une grande énergie.

---

1. Le *setier* correspondait à peu de chose près à l'*hectolitre* de nos jours.

Elle répondit à ce refus d'obéissance par la convocation immédiate de tous les *citoyens actifs* de la commune dans la chapelle des *Pénitents-Bleus*.

Le maire montra tout ce que la conduite injustifiable de la légion Saint-Maurice avait d'*antipatriotique ;* il invita tous les citoyens à se grouper autour de la municipalité et adjura les révoltés de se soumettre et de rentrer dans les rangs de la garde, afin d'éviter des luttes fratricides.

Poussés par l'opinion populaire, les officiers et les hommes de la légion Saint-Maurice se soumirent, prêtèrent le *serment de fidélité* à la Nation et reprirent leur place dans la garde nationale.

Enlèvement des armoiries. — Ce fut le 21 février 1790 que le Conseil général de la commune ordonna l'enlèvement des armoiries des seigneurs de Mirepoix qui se trouvaient au-dessus des portes de la ville et à l'entrée de la maison commune. On peut encore voir sur la porte d'Aval les pierres où se trouvaient ces écussons que le ciseau de l'ouvrier a fait disparaître.

Formation des départements. — On sait que la

MIREPOIX. — PORTE D'AVAL.

Vestige des fortifications du quatorzième siècle.

formation des départements date du commencement de l'année 1790. La ville de Mirepoix fut sollicitée par les municipalités de *Toulouse*, de *Carcassonne* et de *Pamiers*, pour qu'elle demandât à être rattachée à leur département respectif.

On trouve à ce sujet, dans les archives communales, un curieux discours que le citoyen *Vadier*, délégué de Pamiers, prononça devant le Conseil général de la commune de Mirepoix, le 15 décembre 1789.

Les conseillers se laissèrent convaincre par les arguments du citoyen Vadier et demandèrent l'annexion de leur commune au département de l'Ariège.

Mirepoix chef-lieu de district — A la formation du département de l'Ariège, Mirepoix devint le chef-lieu d'un *district*, division qui correspondait à l'*arrondissement* de nos jours.

Mais la situation de Mirepoix, à l'extrémité nord-est du département, devait forcément lui faire perdre ce titre. Le district de Mirepoix était bizarrement formé : c'était une bande étroite et irrégulière qui s'étendait jusqu'aux portes de Montesquieu-Volvestre, dans la Haute-Garonne. On comprend les difficultés qu'éprouvaient les habitants de ces communes, éloignées de 75 kilomètres, pour se rendre à leur chef-lieu de district.

Aussi, en l'an II, le district de Mirepoix disparut et notre ville devint, ce qu'elle est encore aujourd'hui, un simple chef-lieu de canton.

Nous ne nous occuperons pas de l'histoire du district de Mirepoix qui eut une durée si éphémère. D'ailleurs, les documents concernant ce district ne se trouvent point dans les archives communales.

Fête de la Fédération (14 juillet 1790). — Ce fut une grande fête, célébrée en grande pompe, que ce jour de la *Fédération*, c'est-à-dire de l'*Union* de tous les Français.

Le mercredi 14 juillet 1790, à midi, la municipalité de Mirepoix, au milieu d'un concours prodigieux de population, se réunit autour de l'*Autel de la Patrie* dressé au milieu de la place publique.

Lorsque le clergé eut chanté le *Te Deum*, le maire de la ville, Gabriel Clauzel, prêta, le premier, le *serment fédératif*, et tous les citoyens répétèrent le même serment.

Immédiatement après, un grand nombre de citoyens se réunirent en un *banquet fraternel*, et une distribution de pain et de vin fut faite aux pauvres [1].

1. Chanson chantée à Mirepoix au repas du 14 juillet 1790.

(Air : *Vive le vin.*)

I.

Au banquet de la Liberté,
Vive à jamais l'Egalité ;
Ne soyons qu'un peuple de frères.
A l'instar de nos premiers pères.
Trinquons avec fraternité.
Distinctions, folle nobilité,
Vous n'êtes plus que des chimères.

II.

Issus de mortels, leurs aïeux,
Ces hommes ne sont plus des dieux ;
Ils voulaient nous le faire accroire.
Eh ! que font vos noms dans l'Histoire
S'ils ne propagent la vertu ?
Ah ! désormais, sans avoir combattu,
Vous n'aurez plus droit à la gloire.

III.

Pour flatter l'orgueil des Tyrans,
Vos mains avaient brûlé l'encens.
Le civisme a changé la Terre.
Ils ont voulu livrer la guerre
Aux lutteurs d'un peuple guerrier ;
Mais la valeur arbora le Laurier
Sur les débris de leur Tonnerre.

IV.

Où sont tes créneaux sourcilleux,
Où sont tes cachots ténébreux,

Le soir, toutes les rues furent illuminées par les habitants qui rivalisèrent de zèle.

L'administration du district assistait à cette cérémonie.

D'autre part, le district de Mirepoix avait envoyé

Boulevard du fier despotisme ?
Sous la main du patriotisme
Tes murs altiers sont abattus ;
Les noirs Titans, les Géants sont vaincus
Et le Laurier ceint le civisme.

V.

Amis, trinquons à verre plein
Mais à l'honneur du dieu du vin;
Buvons, trinquons, cher camarade.
Bacchus sait combattre Encelade[1],
Bacchus fait triompher Jupin,
Mars, en frayeur, se blottit au ravin,
Le dieu du vin tient l'escalade.

VI.

Il est galant, il est guerrier,
Il mêle le myrthe au laurier,
Il est le protecteur des belles.
Connut-il jamais de cruelles ?
Tout cède à son bras triomphant,
Le dieu vainqueur marche tambour battant,
Et sur le champ, plus de rebelles !

VII.

C'est sur ses pas victorieux
Que sourit l'enfant gracieux;

1. Encelade, un des Titans, fils de Tartare et de la terre ; Jupiter le foudroya et l'écrasa sous le poids de l'Etna. (*Mythologie.*) — Jupin ou Jupiter, le père des Dieux et des hommes. (*Mythologie.*)

des délégués pour le représenter à la fête du Champ-de-Mars, à Paris, et la municipalité de Mirepoix avait députě à Toulouse dix citoyens, faisant partie de la garde nationale, pour assister à la même fête.

On voit par là que d'un bout à l'autre de la France, à Paris et dans toutes les villes, jusqu'aux plus petites bourgades, cette *Fête de la Fraternité* fut célébrée avec un enthousiasme émouvant dont

> C'est Bacchus qui nous divinise,
> C'est l'amour qui nous éternise ;
> Marions leurs charmes divers.
> Le dieu du vin rajeunit l'univers
> Le dieu d'amour le fertilise.

Autre, chantée le même jour, au même repas :

(Air : *Charmante Boulangère.*)

I.

> Loin d'ici les alarmes
> Et les divisions.
> Amis, laissons les armes
> Pour vider nos flacons.
> Chérissons la Patrie,
> Et soumis à la Loi,
> Buvons jusqu'à la lie
> A la santé du Roi !

. . . .

Nous n'avons pas retrouvé la suite de cette dernière chanson qui fut composée, ainsi que la première, par M. Raymond Rouger dont nous parlerons plus loin. Les originaux nous ont été communiqués par M. Philippe Roubichou, maire de Mirepoix.

il faudrait se souvenir un peu de nos jours. Le clergé alors ne boudait pas; il était avec le peuple, et il nous suffit de constater sa présence au milieu de la foule, autour de l'*Autel de la Patrie*, en ce jour solennel de l'anniversaire de la prise de *la Bastille*, pour répondre à toutes les odieuses calomnies que le même clergé répand de nos jours sur notre fête nationale du 14 juillet.

1791. Prêtres réfractaires. — Cet accord du peuple et du clergé ne dura pas longtemps. Au mois de janvier 1791, lorsque les prêtres furent obligés de se conformer à la loi en prêtant le *serment constitutionnel,* beaucoup d'entre eux refusèrent de se soumettre à cette obligation. Ces prêtres réfractaires, qui se plaçaient ainsi au-dessus des lois civiles, devinrent des éléments de discorde, et autour d'eux se groupèrent toutes les forces de réaction et de contre-révolution. On sait que la guerre civile de Vendée et de Bretagne fut leur œuvre.

A Mirepoix, ces prêtres réfractaires essayèrent de provoquer des troubles.

Le 23 janvier 1791, dans l'église paroissiale où s'était rendu le Conseil général de la commune, à l'issue de la messe, M. Mailhol, curé, fit le serment suivant : « Je prête le serment de veiller avec soin

« sur les Fidèles de la paroisse qui m'est confiée,
« d'être fidèle à la Nation, à la Loi, au Roi, et de
« maintenir de tout mon pouvoir la Constitution
« décrétée par l'Assemblée nationale et acceptée
« par le Roi[1]. » Deux vicaires de la paroisse et le
curé de Saint-Aulin prêtèrent le même serment.
Quant aux autres prêtres, et ils étaient nombreux,
ils refusèrent de se conformer à la loi, et, « par des
personnes à eux dévouées », troublèrent les cérémonies religieuses célébrées par les assermentés.
Nous lisons, en effet, dans le procès-verbal d'une
séance du Conseil général, que « les prêtres
« inconstitutionnels, qui ne cessent eux-mêmes de
« profaner la religion sacrée par des pratiques
« indignes de ministres vraiment religieux en
« apposant secrètement à l'entrée de l'église des
« personnes fanatiques à eux dévouées, pour indi-
« quer la chapelle où doit se dire la messe des
« non-jureurs, causent à la faveur des chapelles
« un dérangement notable d'autant plus perni-
« cieux qu'ils détournent les fidèles de leur bonne
« intention en disant que la messe des asser-
« mentés est *vaine, profane* et *sacrilège* ».

Ainsi, on avait laissé à ces prêtres insoumis le
droit de dire leur messe dans les chapelles de

1. Archives communales.

l'église. C'était une faiblesse de la municipalité, et on voit comment les prêtres réfractaires se montraient reconnaissants de cette faveur.

Le Conseil général de la commune ordonna alors la démolition des autels dans les chapelles du chœur (31 juillet 1791).

Les marbres et les matériaux provenant de cette démolition furent vendus, par ordre du Directoire du district, le 10 septembre de la même année.

L'agitation religieuse cessa, au moins dans la rue, mais le fanatisme de certaines personnes était tel, qu'oubliant le caractère sacré du temple, elles allaient répandre des *excréments* sur l'autel où se disait la messe des prêtres qui avaient loyalement accepté les lois constitutionnelles.

Plusieurs procès-verbaux conservés aux archives relatent ces faits..... scandaleux.

Les Frères refusent le serment. — Les Frères de la Doctrine chrétienne, faisant cause commune avec les prêtres réfractaires, refusèrent, à leur tour, de prêter le serment de fidélité à la Constitution. Leur école fut supprimée, et ils furent remplacés par deux instituteurs laïques, les citoyens Lagarrigue et Agramont, qui prêtèrent le serment dont voici le texte : « Je jure d'être fidèle à la Nation, de

« maintenir de tout mon pouvoir la *Liberté* et
« l'*Egalité*, ou de mourir à mon poste. »

Ces nouveaux *régents*, choisis par le Conseil général de la commune et nommés par le maire, s'engagèrent à « mener les enfants à la messe et aux
« vêpres les dimanches et les jours de fêtes, de
« leur enseigner le catéchisme, de leur faire la
« classe tous les jours de 8 heures à 11 heures et
« de 1 heure à 5 heures, et, en été, de 7 heures à
« 11 heures le matin et de 1 heure à 5 heures le
« soir, sauf le jeudi de chaque semaine, ainsi que
« depuis le quatorzième jour de septembre jus-
« qu'au dix-huit octobre, jour de saint Luc,
« ainsi qu'il est d'usage ».

(*Archives communales.*)

Comme traitement, le Conseil attribue 500 livres au sieur Lagarrigue et 200 livres au sieur Agramont, et leur assigne pour logement la maison que les Frères venaient de quitter.

Enfin, le 23 novembre 1792, le Conseil général remplaça les *demoiselles régentes*, qui avaient, elles aussi, refusé le serment de fidélité, par deux autres institutrices, les citoyennes Gautier et Rouger.

Mort de Mirabeau. — Nous devons signaler, avant d'entreprendre le récit des événements de l'année 1792, l'émotion considérable que causa, dans notre localité, la nouvelle de la mort de Mirabeau (avril 1791).

Ce puissant tribun, dont la parole ardente avait lancé la Révolution, jouissait d'une immense popularité, car on ne connaissait pas encore ses compromissions avec la cour.

Donc, lorsqu'on apprit la mort du grand orateur, le maire, Clauzel, réunit le Conseil général de la commune et proposa de faire célébrer en grande pompe un service funèbre pour « *le repos* « *de l'âme* du défunt Mirabeau ». Cette proposition fut adoptée à l'unanimité, et les administrateurs du district assistèrent en corps à cette cérémonie funèbre.

1792. — Cette année de 1792 est une des plus troublées de la période révolutionnaire à Mirepoix.

Les assignats. — Au mois de février, on envoya en garnison dans notre petite localité environ quatre cents volontaires. Avant l'arrivée de cette troupe, le maire prévint les habitants que les soldats payeraient tout ce qu'ils achèteraient en *assignats*. Le discrédit de ce papier-monnaie était tel que les aubergistes, les boulangers, les cabaretiers et les marchands ne voulaient pas le recevoir en payement, ou, s'ils étaient obligés de l'accepter, ils refusaient de rendre la monnaie.

Pour éviter les difficultés qui se seraient élevées à chaque instant entre marchands et soldats, le Conseil général décida que l'on délivrerait aux soldats des billets de confiance signés par deux membres de la municipalité.

Par ces billets, la commune garantissait la valeur des assignats donnés en payement par les soldats. Cette combinaison ne faisait qu'éloigner la difficulté et ruinait en même temps la commune.

Tant que les assignats, accompagnés de leur billet de confiance, restèrent entre les mains des habitants de la ville, tout alla bien; mais lorsqu'il fallut se servir de ces papiers pour payer les marchandises prises au dehors de la commune, les vendeurs les refusèrent, et bientôt les boulangers déclarèrent qu'ils ne trouvaient pas à acheter du blé en le payant avec des assignats (mars 1792).

Le pain devint alors fort cher et souvent les boutiques des boulangers étaient vides.

Une révolte des soldats de la garnison et d'une partie des habitants obligea la municipalité à établir une taxe officielle du pain et à prendre des mesures énergiques contre les boulangers (12 mars 1792).

Voici quel fut le prix de la marque de pain (2 kilogr. environ) :

12 sols pour les volontaires (soldats), et, pour les particuliers, 14 sols en payant en argent, et 16 sols en payant en assignats.

Le Conseil décida que la commune supporterait la différence de la taxe du pain fourni aux volontaires et de celui fourni aux particuliers. Cette mesure ne fit qu'augmenter les embarras financiers dans lesquels se débattait le Conseil municipal. La rentrée des impôts se faisait très difficilement. Au commencement de l'année 1792, en vertu du décret du 2 octobre 1791, le maire fit publier et afficher pendant trois dimanches consécutifs que le recouvrement des impositions foncières, mobilières et des patentes serait donné à l'adjudication. Personne ne se présenta, et le Conseil fut obligé de charger un de ses membres du recouvrement de ces impôts moyennant « 1 sol par livre pour la « contribution foncière et 3 sols par livre pour la « mobilière et les patentes ».

Cela donnait une moyenne de 10 francs % comme émoluments du *collecteur*[1].

---

1. Nous avons indiqué à la page 47 que ce recouvrement se faisait autrefois moyennant 2 fr. 50 c. % des sommes perçues.

La patrie en danger. — **Les volontaires**. — Le 17 juillet 1792, le maire reçut le décret proclamant la *patrie en danger*.

Aussitôt, on battit la *générale,* la garde nationale s'assembla et de nombreux volontaires se présentèrent pour voler aux frontières et défendre le sol sacré de la patrie. Une souscription fut organisée en ville afin de recueillir « les ressour-« ces nécessaires pour équiper les volontaires peu « fortunés qui demandaient à partir ».

Ce mouvement patriotique s'accentua l'année suivante lorsque l'Espagne, nous ayant déclaré la guerre, menaça notre frontière du Roussillon. Le peuple, le vrai peuple, celui des petits et des humbles, sauva alors la France et ses libertés!

A ceux qui mettent en doute ce fait historique, nous dédions ce document :

« Mirepoix, 6 floréal an I (28 avril 1793).

« CITOYENS,

« Les 2,598 hommes demandés à l'Ariège n'ont « pas paru suffisants aux citoyens de ce départe-« ment pour sauver la patrie. Chacun croit ici « que son poste est à la frontière. Les adminis-« trateurs mêmes, pensant que la moitié d'eux « suffira pour l'expédition des affaires adminis-

« tratives, l'autre moitié veut voler aux frontières.
« Déjà *six* administrateurs du district de Mire-
« poix sont sous les armes, et *huit cents* de leurs
« administrés les suivent. Bientôt ce nombre dou-
« blera. — Tout est soldat, même les femmes.
« Nous les avons armées de piques en attendant
« que vous permettiez à ces nouvelles amazones
« de former des bataillons..... »

(Extrait d'une lettre des représentants du peuple en
mission dans l'Ariège.)

Et pendant que cette fièvre patriotique soulevait le peuple d'un élan irrésistible, les *nobles émigrés* dirigeaient les armées étrangères contre leur patrie, et, à l'intérieur, leurs agents tentaient d'allumer la guerre civile.

Ils y réussirent sur plusieurs points, notamment en Vendée et en Bretagne, à Lyon et à Toulon... A Mirepoix, les 28, 29 et 30 août 1792, un mouvement royaliste éclata d'une manière si violente que les administrateurs du district furent obligés de faire appel aux *gardes nationales* des localités voisines pour rétablir le bon ordre. Celles-ci accoururent en armes jusqu'aux abords de la ville, et peu s'en fallut qu'une lutte fratricide ne s'engageât. Les royalistes n'osèrent pas aller jusqu'au bout ! Le procureur du district, Gabriel

Clauzel, qui avait déjoué ce complot, obtint la révocation de la municipalité de Mirepoix qui n'avait pas su empêcher cette insurrection royaliste ou qui, peut-être, l'avait favorisée.

Par arrêté du 11 octobre 1792, le maire, Malroc de Lafage, et ses officiers municipaux furent révoqués de leurs fonctions.

Voici quelques considérants de cet arrêté :

« *Séance publique du 11 octobre 1792.*

« L'an 1er de la République,

« Vu les procès-verbaux dressés par le Direc-
« toire du district de Mirepoix, par le juge de paix
« de la même ville et par toutes les municipalités
« qui, ayant été requises par le procureur syndic
« du district, se sont rendues dans la même ville
« pour y rétablir l'ordre et la tranquillité;

« Vu le procès-verbal dressé par la municipa-
« lité de Mirepoix le 28 août dernier, et deux
« lettres écrites à l'administration du départe-
« ment par le procureur syndic du même dictrict
« et dont la teneur suit :

« Le Directoire, après avoir entendu le commis-
« saire faisant fonctions de procureur syndic et
« délibérant sur ses réquisitions; considérant que
« lesdites réquisitions présentent le tableau fidèle

« des scènes malheureuses qui ont affligé la ville
« de Mirepoix pendant les journées des 28, 29 et
« 30 août dernier, et qui sont d'ailleurs constatées
« par les procès-verbaux qu'il a sous les yeux;
« que ces faits *sont infailliblement liés au com-*
« *plot formé par les conspirateurs* du dedans de
« provoquer la guerre civile pour favoriser les
« projets des conspirateurs du dehors et des tyrans
« liés contre la patrie; qu'il est du plus grand inté-
« rêt de chercher la trame de ce complot et d'en
« faire punir les auteurs, fauteurs et instigateurs;
« qu'une punition prompte et sévère est le moyen
« le plus efficace de *dessiller* un peuple égaré et
« de le prémunir contre les perfides insinuations
« des ennemis de la patrie, est d'avis que le Direc-
« toire du département doit déclarer que le *maire*
« *et officiers municipaux et procureurs de la*
« *commune de Mirepoix ont perdu la confiance*
« *de leurs concitoyens; qu'en conséquence, il doit*
« *les suspendre de leurs fonctions et autoriser le*
« *Directoire du district à les faire exercer provi-*
« *soirement par des citoyens choisis parmi les*
« *membres éligibles de la commune...* »

Vu..., etc. [1].

1. *Archives municipales.*

Arrête :

. . . . etc. . . . . .

Le citoyen Avignon, notaire, fut alors délégué comme *commissaire* faisant fonctions de maire, et le citoyen Fontès exerça la charge de procureur de la commune jusqu'au 2 décembre 1792, date de l'élection de la nouvelle municipalité.

Biens nationaux. — Dès l'année 1790, les biens du clergé étaient devenus *biens nationaux*, et l'Assemblée constituante permit aux communes de se charger de ces biens en se libérant de leur valeur en quinze annuités.

Le Conseil général de la commune de Mirepoix, dans sa séance du 22 mai 1790, se chargea de tous les biens ecclésiastiques situés dans l'étendue de la communauté, y compris les terres de la Grand'-borde, appartenant au chapitre et s'étendant, en partie, sur le territoire de la commune de Mirepoix, et pour le reste, sur celle de Roumengoux.

Pourtant, en cette même année (1790) la *dîme* était perçue encore par les membres du clergé, car, le 17 octobre 1790, les prêtres du chapitre cathédral se plaignent devant le Conseil municipal de ce que plusieurs personnes ont enlevé la vendange des vignes avant la perception de cette dîme. Le Conseil ordonna au maire d'obliger les coupables à payer leur part de cet impôt, et de leur infliger l'amende « qu'il jugera à propos. »

Par contre, les habitants furent informés, qu'à l'avenir, ils auraient « la liberté de faire moudre « leur grain au moulin qu'ils préféreront, et de faire cuire leur pain au four qu'ils désireront ». C'était la disparition des droits seigneuriaux dont nous avons cité un acte de reconnaissance à la page 54.

Les ducs de Lévis, seigneurs de Mirepoix, émigrèrent en 1792, et leurs biens furent confisqués par la Nation. Le Directoire du département se chargea de ces nouveaux *biens nationaux* et fit procéder à leur vente en 1795. Ainsi, la maison immense que les de Lévis possédaient à Mirepoix fut achetée par le sieur Baillé pour la somme de cent mille livres[1]. Et l'évêché, ce magnifique édifice où s'étaient installés le Comité de surveillance, la Société populaire et le Directoire du district, fut vendu le 12 germinal an III. Cette vente se fit à Pamiers par adjudication. Les citoyens Doumenc, Jacquet, Roudière, Antoine Andrieu, charron,

---

1. Cette vente nous montre quelle était la *dépréciation* des assignats. Nous lisons, en effet, que l'acquéreur paya 9,875 francs en argent et 90,125 francs en assignats. Cette dernière somme ne fut évaluée qu'à **2,715 francs** en argent. Un autre document nous indique que le 20 germinal an III, le setier de mil valait *267 livres* en *assignats*.

Marcel, Canut et Pierre Jean s'en rendirent acquéreurs, nous ne savons pour quelle somme.

Pourtant, tous les biens nationaux ne se vendirent pas, et une partie des terres ayant appartenu aux ducs de Lévis fut partagée entre tous les habitants de Mirepoix.

« Par décision du Comité d'administration et de
« surveillance du département de l'Ariège, en
« date du 17 ventôse an III de la République une
« et indivisible, la commune de Mirepoix est mise
« en possession des terrains situés au levant et au
« couchant du pont de l'Hers, entre ladite rivière
« au midi et l'ancien chemin de Fanjeaux et de
« Mazerettes au nord, dépendant du domaine de
« Terride et dont les cy-devant de Lévis s'étaient
« *emparés* par l'effet de la puissance féodale.

« Ces biens sont revendiqués par la commune
« comme lui ayant appartenus, ainsi que l'indique
« l'article 32 des lettres patentes du mois de
« mai 1500.

« L'administration départementale autorise la
« municipalité de Mirepoix à faire le partage de
« ces biens communaux entre les habitants de la
« commune[1]. »

Ainsi, ce qu'on appelle *confiscation* des biens

---

1. Archives communales.

des seigneurs et du clergé n'est en somme qu'une *restitution*. Nous avons retrouvé des documents qui le prouvent d'une manière irréfutable. En voici la substance.

Dans la nuit du 9 juin 1788, les archives communales furent dévalisées et des papiers importants, des titres précieux disparurent.

Le 6 octobre de la même année, sur la réquisition du citoyen Bauzil, avocat et conseiller politique, le sieur Paul Combes, deuxième consul, qui présidait l'assemblée, fut obligé de proposer au Conseil la nomination de deux commissaires, « à l'effet de rechercher les titres disparus partout où besoin sera ».

Ces commissaires enquêteurs furent les citoyens Arnaud et Gabriel Clausel.

Il était alors de notoriété publique que ces titres se rapportaient soit à des privilèges accordés aux habitants, soit à des propriétés communales dont les seigneurs de Mirepoix s'étaient emparés.

On comprend toute la gravité de l'accusation qui pesait sur les membres de la municipalité en fonctions en 1788, car sans les titres qui avaient disparu, la communauté ne pouvait appuyer ses réclamations sur aucun document.

Mais en 1789, dans sa séance du 6 décembre, le nouveau Conseil politique reprend la question des

titres volés et pose carrément ses revendications.
Il y est dit : « Ces titres établissaient les droits de
« communauté à des propriétés immenses qu'elle
« possédait d'après les lettres patentes données en
« sa faveur à Lyon, au mois de may de l'an-
« née 1500, et l'état des biens patrimoniaux arrêté
« par MM. les commissaires du roy à Montpellier,
« le 2 février 1744 ; *propriétés qui lui ont été*
« *usurpées* par l'effet de *l'intrigue des agents du*
« *seigneur.*

« La communauté implore la justice des députés
« de l'Assemblée Nationale à l'effet de poursuivre
« les anciens consuls et de les obliger à restituer
« les titres et documents lui appartenant, afin de
« poursuivre la restitution entière des fruits et des
« propriétés immenses qu'elle possédait. »

L'année suivante, en 1790, la même question est
de nouveau portée devant le Conseil général de la
commune et, cette fois, avec plus de précision.

Voici un extrait de cette délibération :

« ..... La communauté jouissait en 1744 de *cent*
« *cinquante* sétérées de terres, en bois, appelés
« *Las Barthes*, que le sieur Lévis de Mirepoix
« a échangées depuis avec le sieur Portes, sans
« qu'il apparaisse que ledit sieur Lévis ait rien
« *baillé* en échange à la commune. Ces cent cin-

« quante sétérées produisent aujourd'hui plus de
« 2,000 livres par année. — En 1500, la commune
« de Mirepoix jouissait de certains privilèges ; de
« plus, elle possédait, à la même époque, de gran-
« des possessions dans ladite communauté, dont
« le sieur de Lévis s'est emparé ainsi que de plu-
« sieurs autres particulières. » (*Archives communales.*)

Voilà avec quel sans-gêne les seigneurs trai-
taient les biens des communautés et des particuliers.

Enfin, en 1792, dans la séance du 23 octobre, le
maire expose à l'assemblée ce qui suit : « Par la
« loi du 29 août dernier, les communes et les par-
« ticuliers ont été rétablis dans les propriétés et
« droits dont ils ont été dépouillés par l'effet de
« la puissance féodale. Que la commune de Mire-
« poix se trouve, aux termes de ladite loi et de
« l'article 3 d'icelle, dans ce cas, puisque le ci-
« toyen Lévis, cy-devant seigneur, sans autre titre
« que celui de la puissance féodale, s'empara,
« il y a environ quarante-six ans, du bois de Las
« Barthes, lui appartenant, qu'il échangea ensuite
« par acte public avec le citoyen Pardaillan, cy-
« devant seigneur de Manses, qui s'en trouve en
« possession ; que les titres de ces deux citoyens
« sont également vicieux suivant ladite loi ; que

« dans les circonstances, il lui paraît très instant
« pour la commune de mettre à exécution ladite loi
« et de rentrer en possession du bois de *Las Bar-*
« *thes.* Qu'à cet effet il doit être présenté une re-
« quête aux citoyens du département par l'inter-
« médiaire des citoyens du district, pour demander
« d'être autorisés à citer et assigner ledit citoyen
« *Pardailhan* devant les tribunaux compétents. »

Nous n'avons pas trouvé trace, dans les archives communales, de la suite donnée à cette autorisation de poursuites contre le seigneur de Portes,
qui s'était entendu avec le seigneur de Lévis pour
s'emparer des biens appartenant à la communauté
de Mirepoix. Dans le jugement rendu par le comité
de surveillance du département, le 17 ventôse
an III, il n'est pas question du bois de *Las Bar-*
thes. Quoi qu'il en soit, n'avions-nous pas raison
de dire que la *nationalisation* des biens de la
noblesse et du clergé n'était qu'une restitution?

Nouvelle municipalité. — Le 2 décembre 1792,
on procéda au renouvellement de la municipalité
qui avait été suspendue à la suite des troubles du
mois d'août précédent. Le citoyen Raymond Rouger, homme de loi, fut élu maire de Mirepoix, et
le citoyen Cailhau-Lalibert fut nommé procureur
de la commune.

Lors de son installation, le nouveau Conseil procéda à la nomination de l'*officier de l'état civil*, c'est-à-dire d'un membre du Conseil municipal qui serait chargé de tenir les registres des naissances, des mariages et des décès. Auparavant, c'étaient les curés des paroisses qui tenaient ces registres, de telle sorte que les citoyens qui n'étaient point catholiques n'avaient pas d'état civil.

Le premier officier de l'état civil à Mirepoix fut le citoyen Brustier aîné.

Misère. — La municipalité se préoccupa immédiatement de donner du travail aux ouvriers terrassiers, de crainte que la misère ne les incitât au désordre et à « des extrémités fâcheuses ». « Pour « éviter des malheurs, disait le maire, je crois qu'il « est du devoir de la municipalité de demander « au département, par l'intermédiaire du district, « qu'il soit ouvert incessamment, à Mirepoix, un « *atelier de charité*, et que les 24,000 francs accor-« dés pour l'encaissement de la rivière de l'Hers « soient employés à leur destination. »

Ce qui aggravait la situation c'était la rareté des grains. Les boulangers ne trouvaient plus à s'approvisionner sur les marchés. Le Conseil fit procéder au recensement général des grains dans la commune. On les cachait dans les greniers.

Ainsi se répétait, chaque hiver, la même tactique : Affamer le peuple parce qu'il *faisait le récalcitrant !*

Proclamation de la République. — A la nouvelle que la Convention nationale avait proclamé la République à Paris le 22 septembre 1792, on organisa une fête populaire et on planta, sur la place publique, *l'arbre de la liberté.*

Mais une fête plus brillante se célébra le 28 octobre pour glorifier le souvenir de la victoire de Valmy. La délibération du Conseil général au sujet de cette fête serait toute à citer. Nous allons donner quelques extraits de l'arrêté du maire ordonnant cette solennité :

« Considérant que rien n'est plus capable de
« donner de l'énergie aux citoyens que l'appareil
« des fêtes publiques ;... qu'il est, par conséquent,
« du plus grand intérêt de donner à cette fête toute
« la majesté et la solennité possibles, puisque de là
« dépend peut-être le salut de la patrie et le main-
« tien de l'honneur des armes françaises ;

« Considérant encore que l'effet de cette fête sera
« peut-être de ramener aux bons principes les
« malveillants et les ennemis de la patrie sur
« l'égarement desquels on ne saurait trop gémir ;
« qu'ils ne pourront s'empêcher d'applaudir à la

« cordialité et à l'union qui règnent entre les
« patriotes, surtout lorsqu'ils seront témoins de
« l'effusion de leurs sentiments, etc... »

Donc, le dimanche 28 octobre, à l'issue des
vêpres, dans l'église paroissiale, on chanta un
Te Deum solennel pour « *rendre grâces au Maî-*
« *tre suprême de toutes choses* du succès dont il
« avait favorisé nos armées ».

Après cela, la municipalité et tous les fonction-
naires se rendirent sur la grande place où s'élevait
un amphithéâtre orné, pour la circonstance, de
drapeaux, de lauriers et de trophées d'armes. Le
maire prononça un discours, et la foule, réunie
autour de l'arbre de la liberté, chanta, *pour la*
première fois, à Mirepoix, l'hymne des Marseil-
lais, qui est devenu notre chant national.

La Terreur. — 1793. — Après l'exécution de
Louis XVI (21 janvier 1793), l'Espagne nous dé-
clara la guerre, et notre frontière de l'Ariège et des
Pyrénées-Orientales fut envahie.

Aussitôt tous les hommes valides, de seize à
quarante ans, prennent les armes et courent à
l'ennemi. Les femmes même s'arment de piques [1].

---

1. Nous avons déjà parlé de ce mouvement patriotique, voir
page 87.

On fondit des canons avec les cloches superflues de nos églises[1]; on fit servir au même usage quatre colonnes et quatre statues d'airain, soit un poids de 103 quintaux.

Le dimanche 3 mars 1793, à l'occasion d'un départ de volontaires, on planta un nouvel *arbre de la liberté*, et, pendant cette cérémonie, le maire de la ville, Raymond Rouger[2], prononça un superbe discours dont il faut citer les passages les plus enflammés. On y verra quels sentiments de bonté, de fraternité, d'humanité animaient ces hommes de 93 que l'on a tant calomniés!

---

1. L'enlèvement des cloches se fit à deux reprises : d'abord en 1792, puis en 1793. On ne laissa qu'une cloche à chaque église.

2. Le frère cadet de Raymond Rouger, Xavier Rouger, s'engagea comme volontaire en 1792. L'année suivante, il était officier à l'armée des Pyrénées-Orientales, et un brillant avenir s'offrait devant lui, car il avait fait d'excellentes études à Saint-Sulpice à Paris, lorsqu'il fut tué à l'ennemi dans la nuit du 14 au 15 octobre 1793. Nous avons lu le récit de sa mort héroïque dans une lettre de son frère, Raymond Rouger, que M. Philippe Roubichou, petit-fils de ce dernier, conserve pieusement.

Voici la fin de cette lettre admirable : « ... Mais aussi quelle « gloire n'est-ce pas pour lui, et quelle consolation n'est-ce pas « pour nous qu'il soit mort les armes à la main en défendant la « cause de la Liberté et les droits sacrés de l'Egalité dont il était « idolâtre. Cette idée seule peut faire supporter la perte irrépa- « rable que nous venons de faire, et, lorsque la nature réclamera « ses droits, nous n'aurons qu'à nous rappeler qu'il a bien mérité « de la patrie en répandant son sang pour elle. »

Ce sont là des sentiments dignes des anciens Romains.

S'adressant aux jeunes soldats, le maire s'écrie :
« Qui de vous ne sent pas dans le fond de son
« cœur le vif désir d'aller planter cet *arbre de la*
« *liberté* chez les nations étrangères, de les
« délivrer du joug odieux de leurs tyrans, de leur
« apporter les principes de Liberté, d'Egalité et
« de Fraternité que nous professons?

« Français! tels sont les sentiments qui doivent
« vous animer en ce jour à jamais mémorable.
« Puisse cette imposante cérémonie bannir de
« tous les cœurs les haines et les divisions; puis-
« sions-nous ne former qu'un peuple de frères;
« puisse notre exemple être suivi par tous les
« peuples de la terre; puisse l'énergie française
« gagner tous les cœurs d'un pôle à l'autre; nous
« serons les libérateurs du genre humain, et les
« nations futures béniront à jamais le nom
« français !

« Et vous, braves soldats, vous l'espoir et le
« soutien de la patrie en danger, volez à la vic-
« toire... Sauvez cette mère chérie des odieux
« complots de tous les despotes de la terre con-
« jurés contre elle. Que vos armes victorieuses
« fassent pâlir sur leurs trônes chancelants tous
« les rois de l'univers !

« Puissiez-vous, d'une main triomphante, pur-
« ger la terre de ces monstres et donner aux

« peuples étrangers les biens inappréciables que
« nous avons su nous procurer.

« Jurons tous, citoyens! jurons, au pied de
« *l'arbre de la liberté*, une haine éternelle à tous
« les oppresseurs du genre humain!

« Jurons de maintenir la Liberté et l'Egalité;
« jurons de faire tous nos efforts pour les pro-
« curer à tous les hommes qui sont nos frères!

« Jurons *union* et *fraternité;* jurons de vivre
« et de mourir en vrais Républicains! »

« Aussitôt mille voix répétèrent le même serment; et les cris de: Vive la Nation! Vive la République française! se sont fait entendre de toutes
parts. Les chapeaux ont volé dans les airs ; les
militaires ont déposé leurs armes en faisceaux,
surmontés de guidons, autour de l'arbre de la
liberté; tous les citoyens se sont formés en diffé-
rentes farandoles auxquelles nous nous sommes
empressés de nous réunir[1]. »

Cependant, les événements se précipitaient. Dès
le mois de juin 1793, le château de Lagarde et le
château de Terride appartenant aux *cy-devant*
seigneurs de Mirepoix étaient démolis. Une partie
des meubles provenant de ces châteaux fut vendue

---

1. Extrait des registres des délibérations (Archives Communales).

sur la place publique à Mirepoix. A l'occasion de cette vente, le sieur Dufrêne essaya de provoquer une émeute populaire en faveur des *émigrés*.

Le citoyen Dufrêne fut déclaré suspect et arrêté.

Les Commissaires de la Convention à Mirepoix. — Les représentants du peuple en mission dans l'Ariège vinrent alors à Mirepoix, où ils furent accueillis par « des manifestations de la joie publique » (22 avril 1793). Un d'entre eux, Chaudron-Rousseau, séjourna longtemps dans notre localité. Il y institua un comité de surveillance ; il renouvela la municipalité, établit un atelier pour l'exploitation du salpêtre, fit vendre les ornements, les vases précieux des églises, les meubles des châteaux, et cela pour assurer la défense du sol de la patrie[1].

Pendant que les aînés luttaient contre les armées étrangères et les chassaient au delà de nos frontières, les jeunes gens, à partir de l'âge de seize ans, s'exerçaient au maniement des armes. Le Conseil général de la commune chargea de ce soin le citoyen Maris, officier municipal.

---

1. Nous avons retrouvé une longue liste des patriotes de Mirepoix qui donnèrent leurs bijoux pour être monnayés et leurs ustensiles de cuisine pour en faire des canons.

La Constitution de 1793. — Le 11 juillet 1793, la nouvelle Constitution était proclamée au son des cloches et au bruit du tambour et du canon. Cette Constitution, qui d'ailleurs ne fut jamais appliquée, établissait véritablement le suffrage universel et permettait à la souveraineté populaire de s'exercer d'une manière efficace. Elle était essentiellement démocratique et socialiste.

« Ce fut, dit M. Aulard, un programme démo-
« cratique, mais pour l'avenir. »

La Terreur. — Quelle période troublée que celle de la Terreur! On voyait des *suspects* partout, et on trouve dans les registres de l'époque une foule de dénonciations, d'arrestations, de jugements.

La municipalité faisait souvent des visites domiciliaires; la *guillotine* était en permanence dans chaque département, aussi les royalistes se terraient; ils ne reprirent courage qu'après le 9 thermidor.

Rôle de Gabriel Clauzel. — Depuis le début de la Révolution et surtout pendant cette terrible période de 1793, le citoyen Gabriel Clauzel a joué dans notre localité un rôle très important.

C'était un homme de grande énergie.

En lui s'incarnait l'âme révolutionnaire.

Nommé, à plusieurs reprises, *maire* de la ville de Mirepoix, *procureur* du District, *président* de la Société populaire et du Comité de surveillance, et enfin membre du Directoire du département de l'Ariège, Clauzel a tout animé de son souffle ardent et passionné pour le bien public. Il ne pouvait souffrir la moindre défaillance; toujours en éveil, il surveillait de près tous les *suspects*.

Il fit même procéder à l'arrestation de quelques royalistes qui ne durent leur salut qu'à la chute de Robespierre.

Mais, ainsi qu'il le dit lui-même, il n'eut d'autres ennemis que « *ceux de la chose publique* ».

Il attira sur lui et sa famille des haines implacables qui ne tardèrent pas à se montrer après le 9 thermidor, ainsi que nous le verrons un peu plus loin.

Mais nous, fils de la Révolution, nous devons honorer la mémoire de ces hommes à l'énergie farouche qui ont lutté pour le *Bien public* et pour le triomphe des idées de Liberté, d'Egalité et de Fraternité.

Gabriel Clauzel est un de ces hommes.

Le Calendrier républicain. — A partir du 23 octobre 1793, les actes publics sont datés d'après le calendrier républicain. Ce calendrier comprenait douze mois de trente jours chacun, plus cinq jours complémentaires qu'on appelait les *sans-culottides*. L'année commençait le 22 septembre, exactement à l'équinoxe d'automne.

Le mois se divisait en 3 décades, et les jours *décadaires* étaient jours fériés. Bientôt on obligea les habitants à célébrer ces fêtes en s'abstenant de tout travail, tandis qu'on emprisonnait ceux qui continuaient à observer le repos des *dimanches*.

Culte de la Raison. — On abolit le culte catholique et on établit le *Culte de la Raison*. Ce culte de la Raison, dit M. Aulard, fut moins un changement de la conscience religieuse des Français qu'un expédient de défense patriotique contre le clergé catholique. Il arriva peu à peu que ce culte se transforma en culte de la patrie[1].

Le 1er floréal an II, ce culte était célébré à Mirepoix ; l'église paroissiale devint le *Temple de la Raison*.

Nous ne pouvons dire en quoi consistaient les cérémonies de ce culte ; nous savons seulement qu'on y prononçait des discours patriotiques, des invocations à l'*Être suprême,* qu'on y chantait des hymnes et qu'on y faisait de la musique.

---

1. Aulard, *Histoire de la Révolution française*, p. 473.

Le chef des « symphonistes » reçut un traitement annuel de 200 livres, et les autres musiciens,
fifres et tambours, une allocation qui variait,
selon l'instrument, entre 3 livres et 40 sols par
décade[1].

Toutes les statues, toutes les croix et autres
ornements du culte catholique furent enlevés. Nous
lisons à ce sujet, dans le budget de l'an II, un article ainsi libellé : « Somme de 343 livres 9 sols et
« 3 deniers pour être payée à divers ouvriers qui
« ont orné et décoré le *Temple de la Raison* et
« enlevé les signes *superstitieux*. »

On ne se contenta pas de faire disparaître les
croix, qui rappelaient le culte catholique dans
les églises, on les enleva aussi des cimetières et de
tout lieu public.

Voici un document qui nous le prouve :

« L'agent national près de la commune de Mire-
« poix, instruit par un des membres du Comité
« révolutionnaire du district qu'il y a cinq croix
« arborées dans le cimetière; que, par un décret,
« tous les signes extérieurs doivent être renfermés
« dans l'intérieur du temple; que, par un autre
« décret du 3e ventôse qui porte à l'art. 7 : « aucun

1. Archives communales.

« signe particulier à un culte ne peut être placé
« dans un lieu public ni extérieurement de quelque
« manière que ce soit..... » En conséquence, l'agent
« national requiert la municipalité de mettre en
« exécution l'arrêté précité.

« L'agent national, signé : Donnezan. »

La municipalité donna aussitôt l'ordre d'enlever
les croix signalées et de les déposer dans la chapelle du cimetière [1].

Ce culte de la Raison donna lieu à des cérémonies bien curieuses. Voici, racontée dans ses détails,
une de ces fêtes.

Nous ne changeons rien au récit qui se trouve
dans les registres des archives communales.

D'abord, la proposition faite au Conseil municipal pour la célébration de la cérémonie :

17 prairial an II de la République une et indivisible.

. . . .

..... « Sur la proposition d'un membre tendant
« à célébrer la Fête du 20 prairial dédiée à l'*Être*
« *suprême*, et d'en manifester au dehors la célé-
« bration avec toute la majesté et la décence digne
« des républicains ;

1. Archives communales.

« Le Conseil général, considérant que la Conven-
« tion nationale, par son décret du 18ᵉ floréal,
« voulant donner une preuve de la pureté de ses
« principes et de son respect pour la *Divinité*, et
« voulant surtout confondre par un grand acte
« religieux l'audace et l'impiété des malveillants
« et des traîtres qui ont cherché à égarer le peuple
« par *l'impiété de l'athéisme* et le poison de l'Im-
« moralité, a déclaré solennellement que le peuple
« français reconnaît l'Être suprême et l'immorta-
« lité de l'âme, et qu'une fête solennelle et générale
« serait consacrée à cet effet dans toute la Répu-
« blique ;

« Ouï l'agent national,

« Le Conseil général arrête : 1° Que la municipa-
« lité reste autorisée à faire les dépenses que néces-
« sitera l'exécution du plan proposé, lequel sera
« transcrit sur les registres à la suite de la délibéra-
« tion de ce jour, et que les fonds nécessaires pour
« le payement desdites dépenses seront pris provi-
« soirement sur les fonds du casernement, pour être
« ensuite remplacés par ceux qui seront destinés
« aux dépenses de ladite fête. — 2° Que le citoyen
« Loze sera tenu à fournir à la municipalité un état
« des drogues, papier et journées qu'il a employées
« pour la confection des drapeaux, et que lesdits
« drapeaux seront portés et vendus à la maison

« commune, aux particuliers, au prix de 5 sols. —
« 3° Que la municipalité déléguera trois de ses
« membres vers l'administration du district pour
« l'inviter à se rendre à cette fête. »

Suit le plan de la fête à l'Éternel du 20 prairial
an II.

« A quatre heures du matin, deux salves d'ar-
« tillerie se feront entendre, par trois coups con-
« sécutifs, l'une au levant, l'autre au couchant de
« la cité. Le signal sera donné par l'éclat d'une
« *boète* placée au milieu des deux premiers points
« sur la promenade du Midi, vers le clocher.

« Une heure après, les fifres et les tambours et
« toute la musique retentira dans les rues et carre-
« fours et l'on arborera à l'extérieur des maisons
« des banderoles tricolores. Ce son bruyant sera
« l'éveil des citoyens, et la garde nationale vien-
« dra prendre les armes à la Maison commune
« dont elle sortira pour s'arranger au milieu de la
« place sur deux lignes faisant face au levant.

« Les vieillards, les agricoles, les adolescents,
« les mères viendront s'arranger entre les deux
« lignes dans l'ordre suivant :

« Ordre de marche :

« Vingt hommes d'armes, précédés des fifres et
« tambours formeront le front ; le drapeau, placé

« sur leur arrière, sera suivi des symphonistes.

« A leur suite seront les vieillards ayant à leur
« tête un adolescent portant un guidon où sera
« inscrit : *Respect à la vieillesse !*

« A la suite roulera lentement le char de l'agri-
« culture surchargé de ses outils et d'instruments
« des arts ; il sera surmonté de banderoles, de
« bouquets d'épis et de fleurs, et en avant d'un petit
« drapeau tricolore portant l'inscription : *Honneur*
« *à l'agriculture!* — Quatre taureaux vigoureux
« le traîneront.

« Suivront les corps constitués dont les mem-
« bres seront rangés de cinq en cinq, marchant
« de front sur deux lignes espacées et parallèles.

« Les femmes avec leurs petits enfants aux bras
« ou à la mamelle s'arrangeront sur deux files à la
« suite du char et formeront le côté droit ; les filles,
« sur une ligne parallèle occuperont la gauche ; un
« guidon tricolore porté par un adolescent préce-
« dera les femmes et les filles, placées par ordre
« alphabétique et rang de section, de telle sorte
« que la double file de femmes ainsi que celle des
« filles aura trois guidons distingués par les lettres
« A. B. C. Le guidon des mères aura pour inscrip-
« tion : *Honneur à la maternité !* celui des filles :
« *Respect à la pudeur !*

« Dans cet ordre le cortège défilera vers le Fau-

« bourg pour se rendre, par la rue des Ecoles, à
« l'esplanade du Mail ; en se tournant à l'équerre,
« la troupe filera droit à la *Sainte Montagne.*

« Dès l'arrivée, toutes ces files faisant parallèle-
« ment quatre pas en arrière laisseront au milieu
« d'elles un plus large espace. Les vieillards, le
« char et les corps constitués se placeront au cen-
« tre. L'orateur gravira la *Montagne* pour haran-
« guer le peuple.

« Après le discours, un municipal, suivi de
« quatre autres et de deux symphonistes, chantera
« deux couplets de l'*Hymne à l'Eternel,* et cinq
« couronnes, la première de chêne, la deuxième
« d'épis, la troisième de peuplier, la quatrième
« de roses, la cinquième de myrthe, seront suspen-
« dues à l'Arbre de la liberté par les cinq muni-
« cipaux qui les porteront.

« Le vieillard, après avoir chanté trois strophes,
« sera couronné de chêne; l'agricole d'épis; l'ado-
« lescent de peuplier; la mère de roses; la fille
« de myrthe, et successivement après leur chant,
« descendus tour à tour du sommet de la montagne,
« chacun reprendra sa place, et, les files se resser-
« rant, par une roulade de tambour, la musique
« jouera à deux reprises l'*Hymne au peuple*
« *français.*

« Le premier couplet sera chanté avant le dé-

« part ; après le couplet, la marche **s'ouvrira** sur
« le même air répété trois fois.

« Au second couplet, une station sera faite, et
« dans cet ordre, le cortège rentrera par la rue qui
« correspond au pont du canal, pour filer vers le
« *fauxbourg* et se tourner à l'équerre vers le pont
« et puis vers la cy-devant Trinité, et suivre en-
« suite le long de la promenade et entrer par la
« porte de l'Hôpital.

« Le cortège, arrivé sur la place, stationnera
« autour de l'*Arbre* et de la *Statue* de la Liberté
« où l'hymne de la patrie sera chanté à voix lente
« et accompagnement ; le refrain sera chanté par
« tout le cortège à chaque couplet, et la cérémonie
« du matin cessera pour recommencer à deux
« heures de l'après-midi et le même plan sera
« suivi de la même manière, et la fête se terminera
« au *Temple de la Raison*. »

Nous avons tenu à citer en entier ce curieux
et intéressant document, car il montre que nos
révolutionnaires, tout en glorifiant la *Raison*,
étaient des *déistes* convaincus. Ils repoussaient
comme *impures* et *malsaines* les théories de
l'athéisme.

Poussés par la marche des événements politiques, les révolutionnaires mirapiciens en étaient

venus à se substituer aux prêtres catholiques ; mais ils avaient conservé, au fond de leur cœur et dans leur esprit, les mêmes idées religieuses dont nous avons vu les manifestations dès le début de la Révolution.

Il est évident que l'on retrouve, dans l'organisation des cérémonies du culte de la Raison et de l'Être suprême, les inspirations de Robespierre. Mais il est certain que les diverses conceptions philosophiques des grands révolutionnaires n'ont pas pénétré bien avant dans les esprits.

Il est facile de voir que les *dirigeants*, ceux qui étaient obligés d'exécuter les ordres venus de Paris, agissaient sans *conviction;* ils se payaient de grands mots, mais au fond, il n'y avait rien de modifié dans leurs croyances philosophiques et religieuses.

Aussi le culte de la Raison et de l'Être suprême tournait au ridicule, telle une pièce de théâtre jouée par des acteurs qui ne *sentent* pas les tirades qu'ils débitent.

C'est qu'on n'improvise pas une religion ; c'est qu'on ne bouleverse pas subitement les idées religieuses vieilles de plusieurs siècles et enracinées profondément dans le cerveau humain.

L'infiltration des idées scientifiques et philosophiques à travers la foule est chose lente, très lente même, c'est ce que ne comprirent pas les *théoriciens* de l'Être suprême !

Aussi, dès que disparut Robespierre, on revint bien vite au culte catholique.

CHAPITRE VI.

La Contre-Révolution.

Après la chute de Robespierre, le 9 thermidor an III, la contre-révolution commence.

D'un excès on tombe dans l'autre : au despotisme de Robespierre succède l'anarchie. Les partis les plus opposés s'organisent pour combattre le gouvernement devenu trop modéré et trop faible.

Les partisans de ce gouvernement confondent dans leur haine *terroristes* et *royalistes*. C'est ainsi que nous trouvons dans une délibération ce vœu :
« ..... que les factieux, les *terroristes et les roya-*
« *listes*, en un mot les *contre-révolutionnaires*,
« soient désarmés. »

Notre localité fut de nouveau troublée, car nous y retrouvons en petit les mêmes fluctuations du pouvoir et les mêmes agitations populaires qui bouleversent la capitale.

Le 28 ventôse an III, le Conseil général de la

commune ordonne la démolition du monument révolutionnaire élevé en guise de *montagne*, au bout de l'allée du *Jeu du Mail*. Il décide, en outre, que l'inscription qui se trouve sur la porte du Temple de la Raison sera enlevée.

Le Comité de surveillance fut supprimé et la Société populaire dissoute.

Alors, les citoyens qui depuis 1792 avaient montré leurs opinions républicaines, ceux qui grâce à leur énergie avaient contribué au triomphe de la Révolution, furent traités en suspects, surveillés comme dangereux et désarmés.

La fête que l'on célébra pour l'anniversaire du 9 thermidor[1] occasionna une violente émeute. La maison de Gabriel Clausel subit un véritable siège.

La foule furieuse maltraita et désarma le fils aîné de Clausel[2], capitaine adjudant-major dans l'armée des Pyrénées-Orientales, qui se trouvait ce jour-là de passage à Mirepoix. Cette famille Clausel fut très persécutée, et elle ne jouit d'un calme relatif que sous l'Empire.

Les municipalités qui se succédaient n'avaient aucune autorité; les hommes de la garde nationale

1. Pendant cette fête, on éleva une colonne en marbre sur la place publique, en face de l'Arbre de la Liberté, pour perpétuer le souvenir du 9 thermidor.

2. Ce fils Clausel devint plus tard *maréchal de France*.

n'obéissaient plus à leurs officiers ; c'était partout l'anarchie complète.

Agitation religieuse. — L'agitation religieuse recommença avec plus d'intensité que jamais. Le culte catholique reprit possession de l'église paroissiale. Mais bientôt deux curés se disputèrent le droit de dire leurs offices dans cette église. Leurs partisans s'injuriaient et se battaient jusqu'au pied de l'autel.

Voici comment se renouvela cette agitation populaire. Le 2 fructidor an IV, un grand nombre d'habitants de Mirepoix présentent au Conseil municipal une pétition dans laquelle ils demandent « qu'il leur soit accordé de célébrer leur *culte* « *véritablement catholique, apostolique et romain* « dans l'église communale ».

Le Conseil, d'après les articles 2 et 4 de la loi du 2 prairial an III, « considérant que les pétition- « naires se prétendent d'un culte différent de celui « qu'on exerce, dans le moment, dans l'église com- « munale, ordonne : 1° Que le ministre du culte « qui exerce ses fonctions[1] dans ledit édifice con- « tinuera de le faire depuis six heures à neuf heures

1. Ce ministre était le curé assermenté, M. Mailhol, qui avait loyalement accepté la Constitution de 1791.

« du matin et de midi à trois heures du soir. —
« 2° Que les ministres [1] des pétitionnaires *qui*
« *auront fait leur soumission aux lois de la Répu-*
« *blique* commenceront leurs fonctions depuis
« neuf heures du matin à midi et de trois heures
« au déclin du jour. »

Pour montrer leur soumission aux lois de la
République, les curés eurent à prêter le serment
dont voici le texte : « Je jure haine à la royauté et
« à l'anarchie. Je jure attachement et fidélité à la
« République et à la Constitution [2] de l'an III. »

Les événements qui suivirent montrèrent ce que
valait un pareil serment.

Revenons au curieux arrêté que nous venons de
citer. Il ne tarda pas à amener des troubles. A la
porte de l'église, les partisans de l'un et de l'autre
curé se rassemblaient pour attendre l'heure qui
mettait fin aux exercices religieux des uns et qui
indiquait le commencement des offices des autres,
et alors on se précipitait dans l'église en hurlant,
en vociférant. Souvent des rixes s'engageaient dans
l'intérieur même du temple.

Ainsi les prêtres qui auraient dû être des *mi-*
nistres de paix, au lieu de calmer les esprits ne

---

1. C'étaient les prêtres réfractaires.
2. Cette Constitution de l'an III n'est autre que le Directoire.

faisaient qu'exciter les passions de la foule fanatique.

Fêtes populaires. — Les municipalités faisaient leur possible pour amener l'union et rétablir la concorde, en organisant de nombreuses fêtes populaires.

Il y en avait pour satisfaire toutes les opinions. Qu'on en juge :

Fête du 14 juillet, pour rappeler la prise de la Bastille.

Fête du 10 août, pour rappeler la prise des Tuileries et l'emprisonnement de Louis XVI.

Fête du 9 thermidor, pour célébrer la chute de Robespierre et du régime de la Terreur.

Fête à l'occasion de la paix avec l'Espagne (mars 1795).

Fête à l'occasion de la paix de Campo-Formio, etc., etc.

Le 30 vendémiaire an VI (1798), sur la place publique, au pied de l'arbre de la liberté, on organisa une cérémonie funèbre en mémoire de la mort du général Hoche. Aucun prêtre ne parut à cette cérémonie.

Il est évident que la municipalité voulut ainsi éviter une cause de trouble, et que, d'autre part, elle cherchait à montrer sa neutralité dans cette question religieuse qui divisait en ce moment la population mirapicienne.

Donc, la cérémonie funèbre du jeune général républicain resta absolument laïque.

Autour d'un sarcophage élevé sur la place publique, près de l'arbre de la liberté, se déroulaient des bandelettes de drap noir sur lesquelles on lisait :

« IL ÉTAIT LE BUONAPARTE DU RHIN !

« IL FUT LE PACIFICATEUR DE LA VENDÉE !

« IL SUT VAINCRE ET PARDONNER !

« DE SIMPLE SOLDAT, IL DEVINT GÉNÉRAL !

« IL FUT L'ESCLAVE DES LOIS POUR POUVOIR ÊTRE LIBRE !

« IL EÛT ÉTÉ LE SCIPION DE LA RÉPUBLIQUE FRANÇAISE !

« IL S'HONORAIT DU TITRE DE CITOYEN FRANÇAIS ! »

Après un long discours de l'agent municipal (maire), la cérémonie se termina par les cris de « Vive la République ! »

Mais bientôt, à partir de 1799, on célèbrera une fête qui éclipsera les autres : Celle du 18 brumaire !

Ainsi, nous trouvons, dans les archives communales, qu'en 1802, la fête du 14 juillet se borna à un simple feu de *joye* et à quelques décharges d'artillerie, d'où une dépense de 12 francs ! tandis que la fête célébrée pour l'anniversaire du 18 brumaire coûta 156 livres.

Cette fête du 14 juillet que nous avons vue si brillante en 1790, et qui suscitait alors un si grand enthousiasme, disparaît maintenant sous l'indifférence générale.

Ainsi s'éteint aussi toute idée de liberté. Le large souffle de fraternité qui, au début, avait soulevé la nation, tombait à son tour. La Révolution est bien finie. La marche en avant est arrêtée.

Bientôt ce peuple mirapicien, que nous avons vu tout frémissant à l'idée de tyrannie, célèbrera par une grande fête le *Sénatus-Consulte*, nommant Bonaparte consul à vie !

Le Consulat. — La ville de Mirepoix, qui avait été le chef-lieu d'un diocèse et la capitale d'une importante seigneurie féodale, et qui, pendant la Révolution, était devenue le chef-lieu d'un district, perdit tous ces titres, et devint ce qu'elle est de nos jours, un simple chef-lieu de canton du département de l'Ariège.

Nous avons déjà dit qu'étant donnée la position de Mirepoix sur les limites nord-est du département, il n'était guère possible de lui conserver le titre de chef-lieu de district ou d'arrondissement.

Pour que notre ville restât une sous-préfecture, il aurait fallu, en 1790, comprendre dans le département de l'Ariège l'ancienne seigneurie de Mirepoix, ou tout au moins la partie de ce pays qui, géographiquement, se rattache à l'Ariège, c'est-à-dire les vallées de l'Hers et de la Vixiège. Ce fut une grande faute des hommes politiques de cette époque de n'avoir pas obtenu une chose aussi simple que naturelle.

Mais revenons à notre histoire locale. Donc, pendant le Consulat, la vie politique est étouffée : plus de réunions publiques, plus d'élections. C'est le préfet qui nomme les conseillers municipaux, les maires et les adjoints.

L'Empire. — Le Consulat prépara si bien l'avènement de l'Empire que, lorsque Napoléon Ier se fit proclamer empereur, aucune manifestation ne se produisit dans notre localité.

A partir du 1er janvier 1806, on abandonna, pour les actes publics, le calendrier républicain et on reprit le calendrier grégorien.

Les royalistes qui, au début, avaient vivement fait opposition à l'Empire, s'inclinèrent ; et le clergé, habilement dirigé par le pape Pie VII, abandonna la cause des Bourbons et servit celle de Bonaparte[1].

---

1. Ce pape déclara, bien avant Léon XIII, que la religion catholique n'est incompatible avec aucune forme de gouvernement.

Pendant le Consulat et l'Empire, la ville de Mirepoix fut très bien et très sagement administrée par M. Denat, qui resta maire de 1802 à 1820, époque à laquelle il devint juge de paix du canton de Mirepoix.

Plusieurs embellissements furent apportés à notre cité. Ainsi, des rues furent percées ou élargies ; l'Hôtel-de-Ville actuel fut acquis et bien aménagé en 1806 ; on débarrassa les abords de l'église des vieilles constructions qui gênaient la circulation.

En 1808, on établit en ville des fontaines publiques, sous la direction de l'astronome Vidal.

Une de ces fontaines, élevée au milieu de la place principale, porta le nom de « *Fontaine Cambacérès* » pour rappeler que l'archichancelier de l'Empire avait été maire et conseiller du roi à Mirepoix avant la Révolution.

Nous avons déjà cité la création de cette charge en 1692 et son acquisition en 1720 par un aïeul de notre chancelier[1].

Le concordat signé par le Premier Consul en 1801, avec le pape Pie VII, avait enfin amené la tranquillité au point de vue religieux. Le clergé se fit alors le policier du nouveau gouvernement.

---

1. Voir page 46.

Le document suivant nous édifie à ce sujet :
« Mirepoix, 26 germinal an XII (1804)... Hier,
« au prône de la messe paroissiale, M. le curé de
« cette ville, en parlant à ses paroissiens du devoir
« du pasteur à l'égard de ses ouailles, dit qu'il
« était de ces devoirs auxquels peut-être ses pa-
« roissiens n'avaient point fait attention, c'est
« qu'en acceptant la cure de cette ville il avait
« contracté l'engagement d'*instruire le gouverne-*
« *ment* de ce qui se ferait contre lui ; qu'il croyait
« donc devoir les prévenir qu'il avait appris que
« dans certains endroits on se permettait de
« blâmer les opérations du gouvernement et de
« tenir des propos indiscrets contre lui ; qu'il
« invitait ses paroissiens à être plus discrets,
« parce qu'autrement, s'il venait à savoir d'une
« manière positive que quelqu'un d'entre-eux se
« permît de pareils propos, il ne manquerait pas
« de faire son devoir et d'instruire le *gouverne-*
« *ment* de ce qu'il saurait..... » (Extrait d'une
lettre du Maire de Mirepoix, à M. le Sous-Préfet
de Pamiers.)

Les Fêtes. — Les fêtes populaires qui glorifiaient
quelques dates mémorables de la Révolution disparurent toutes, éclipsées par la solennité du
15 août, dite « Fête de la Saint-Napoléon ! »

Voici à ce sujet l'arrêté qui fut pris par le Maire de Mirepoix, le 11 août 1806.

« Le maire de Mirepoix vu, etc...

« Ordonne :

« Art. 1er. — Les fêtes de saint Napoléon et du rétablissement du culte catholique en France, dont la célébration a été ordonnée par Sa Majesté le 15 août, jour de l'assomption de la sainte Vierge, seront annoncées la veille par le son des cloches et au bruit des boîtes.

« Art. 2. — Le dit jour 15 août, il sera encore tiré des boîtes au lever du soleil, à midi, et pendant le temps de la procession et du *Te Deum* qui sera chanté dans l'église paroissiale.

« Art. 3. — Il sera allumé sur le pont un feu de joie et tiré des fusées à neuf heures du soir.

« Art. 4. — Il est ordonné à tous les citoyens d'illuminer toutes les fenêtres de leurs maisons donnant sur les rues, à peine d'être punis comme contrevenant aux ordonnances de police.

« *Le maire,* Denat. »

Mariage d'une rosière. — Au 2 décembre, nouvelle fête pour célébrer l'anniversaire du couronnement de l'empereur. Napoléon voulut qu'à l'occasion de cette fête on mariât, dans chaque commune, une jeune fille *pauvre et sage* avec un ancien militaire.

Le Conseil municipal désignait la jeune fille, et celle-ci choisissait son époux parmi les anciens soldats. La dot qui était faite par la commune variait entre 3oo et 6oo francs. Les frais de la célébration de ce mariage étaient aussi à la charge de la ville.

Mais dans les dernières années de l'Empire, la dépopulation était si grande, et les jeunes gens, que l'on incorporait entre seize et dix-sept ans, revenaient en si petit nombre dans leurs foyers, que les jeunes filles ne trouvaient plus de *marieurs*.

Les déserteurs. — C'était, on peut le croire, sans grand enthousiasme que les jeunes conscrits partaient pour l'armée. Les déserteurs et les insoumis devenaient de plus en plus nombreux. Les gendarmes battaient continuellement la campagne, fouillaient les bois, à la recherche des jeunes insoumis. En 1810, le préfet prit un arrêté ordonnant de mettre un *garnisaire* au domicile de chaque conscrit réfractaire.

Ce garnisaire était un officier de gendarmerie ou un gendarme qui s'installait dans la maison du jeune déserteur et y vivait en maître. La famille

était obligée en outre de lui faire une solde de
3 à 6 francs par jour, et cela jusqu'à la soumission du conscrit. C'était ruineux.

Fin de l'Empire. — La France était épuisée, elle
n'en pouvait plus !

Le cavalier corse avait brisé ses reins !

En parcourant les registres de cette époque, on
doute de l'existence du Conseil municipal ; on n'y
trouve que les budgets et les réquisitions de vivres,
de chevaux, de munitions pour les armées. On sent
que la vie politique du peuple est étouffée, et que la
froide mort a envahi cette ville, naguère si animée,
si troublée si l'on veut, mais enfin vivante !

Avant de faire le récit de quelques événements
qui se déroulèrent à Mirepoix pendant la Restauration, il est intéressant de dire un mot sur la
situation de l'enseignement public dans notre localité au début du dix-neuvième siècle, et sur la
situation économique de notre commune à la fin de
l'Empire.

Enseignement. — Nous avons déjà vu qu'après la
disparition des Frères des écoles chrétiennes deux
instituteurs et deux institutrices laïques avaient été
nommés par le Conseil général de la commune.

Le 18 juin 1793, la direction de l'école primaire de garçons fut confiée au sieur Holmière, qui reçut comme traitement trente-huit setiers de blé, pris sur la récolte de la métairie de la ville située dans la plaine de Saint-Jean. Ce M. Holmière devait payer au citoyen Agrammont, chargé de la seconde classe, un somme de 300 livres.

Le 4 ventôse an III, le Conseil général de Mirepoix adresse une demande à la Convention nationale pour obtenir une *école centrale* ou collège. Voici les motifs invoqués : La cité de Mirepoix s'est vue dépouillée de l'administration du district qui a été transféré à Pamiers ; Mirepoix est un centre où cinq grandes routes aboutissent ; la ville possède des bâtiments nationaux suffisamment vastes ; l'abondance des vivres permet de la « *substenter* » aisément ; l'air y est pur et vivifiant ; de plus, l'amour « particulier de l'agriculture y favo-« risera l'étude des sciences... »

La Convention n'accorda point l'école demandée.

Sous l'Empire, peu de modifications furent apportées à l'enseignement dans notre ville.

Le bon M. Holmière était toujours instituteur et *maître de pension ;* un prêtre enseignait la *langue latine* dans son école qui comptait, en 1808, quatre-vingt-dix élèves, dont vingt pensionnaires. Une seconde école était dirigée par le sieur Berdeilh cadet; elle comprenait quatre-vingts élèves tous externes. Dans celle-ci on n'y enseignait point le latin. Ces maîtres n'étaient payés ni par la commune, ni par le département, ni par l'Etat. La commune leur devait simplement le logement, et les parents des élèves payaient une rétribution scolaire fixée ainsi qu'il suit :

1° Pour les élèves qui commencent à lire.................. 1 fr. 5o par mois.
2° Pour ceux qui lisent et écrivent....................... 2 fr. »   —
3° Pour ceux à qui on enseigne en même temps le calcul..... 3 fr. »   —

Ces taux étaient très élevés pour l'époque et certainement au-dessus des moyens de bon nombre de familles de la localité. Aussi beaucoup d'enfants pauvres devaient rester sans instruction. En 1814 seulement, on voit figurer sur le budget une allocation de 100 francs pour *l'éducation* de vingt-cinq enfants pauvres.

Quant aux écoles de filles, une était installée à l'Hospice, sous la direction des Sœurs de Nevers, un pensionnat y était annexé; l'autre était dirigée par une demoiselle Moré, à qui on refusa, en 1807, une indemnité de logement. Cette dernière école disparut bientôt.

La rétribution scolaire pour l'école des filles était la même que celle indiquée plus haut pour les garçons. Les pensionnaires payaient 3o francs par mois et les demi-pensionnaires 18 francs. Les bénéfices réalisés sur la pension et le produit de la rétribution scolaire étaient versés dans la caisse de l'hospice.

Cette école de filles portait un revenu à la ville, et on comprend très bien que la municipalité écartât toute concurrence.

Que lui coûtaient les écoles de garçons ? Bien peu de chose! Nous ne voyons figurer aux budgets, sous l'Empire, qu'une somme de 3oo francs pour indemnité de logement à deux instituteurs que la commune ne pouvait loger.

Encore faut-il retrancher de cette somme l'intérêt d'un legs de 4,ooo francs fait à la ville par un certain M. Guitard, prêtre, *pour l'entretien des régents*, soit une somme de 2oo francs. De telle sorte que la commune dépensait à peine 1oo francs pour l'instruction des enfants du peuple (budget de 18o8).

Agriculture. — On sait que par suite du *blocus continental*, les denrées coloniales étaient rares et très chères. On essaya, à Mirepoix, de cultiver la *betterave sucrière*. Les propriétaires firent quelques tentatives peu fructueuses, puis refusèrent de se livrer à cette nouvelle culture. Le gouvernement impérial, voulant vaincre cette obstination, obligea la commune à ensemencer trois hectares de cette betterave.

En 1808, deux agriculteurs tentèrent la culture du *cotonnier*. Ils ne durent pas obtenir de bons résultats, car il ne reste plus trace de cette curieuse expérience agricole. Par contre, on récoltait beaucoup de *lin*, et cette culture devait être rémunératrice puisqu'on y consacrait annuellement de vingt-cinq à trente hectares, dans notre commune. Le prix de l'hectolitre de graine de lin variait entre 24 et 40 francs, et celui d'un kilogramme de filasse entre 1 franc 25 et 1 franc 80.

La principale culture était, comme de nos jours, celle du blé, dont le setier, ou l'hectolitre, valait en moyenne 24 francs.

Venait ensuite le maïs, qui constituait la principale nourriture des gens de la campagne.

Nous avons retrouvé les prix des bestiaux et il est intéressant de les citer et de les comparer à ceux d'aujourd'hui.

En 1789, les bœufs de travail valaient 400 et 600 francs la paire. — Les vieux, de 360 à 480 francs la paire. — Les vaches se vendaient 120, 150 et 200 francs chacune, et les moutons de 10 à 12 francs.

En 1804, le prix des bœufs monta à 1,000, 1,200 et 1,400 francs la paire. — Les bœufs vieux à engraisser valaient de 600 à 800 francs la paire. — Les vaches, 300 et 400 francs chacune; et enfin les moutons de 18 à 24 francs.

Comme on le voit, le prix des bestiaux avait doublé de 1789 à 1804, et les causes de cette augmentation sont, d'après M. Denat, maire de Mirepoix à cette époque, 1° la plus grande consommation de viande qui se fait dans le Bas-Languedoc, et 2° l'exportation du bétail en Espagne.

Industrie. — Notre ville, qui est si mal partagée actuellement au point de vue industriel, était, avant la Révolution et sous l'Empire, un centre important de l'industrie du drap et du fer.

Le drap était tissé par des ouvriers qui travaillaient chez eux, dans la ville ou dans ses environs. Il était ensuite *foulé* à l'usine appelée *Foulon*. Ce travail du drap n'occupait pas moins de deux mille ouvriers. « Pendant l'année 1807, il a « été fabriqué à Mirepoix quinze cents pièces de « drap dont la valeur peut être fixée à 570,000 fr. « Et pourtant, les circonstances ont déterminé les « fabricants à suspendre le travail. Si les marchan- « dises en magasin s'écoulaient plus facilement, « ils pourraient, disent-ils, porter leur fabrication

« jusqu'à deux mille cinq cents pièces par an,
« sans craindre d'éprouver la moindre pénurie
« d'ouvriers.

« Si la paix avec l'Angleterre se faisait, et que
« *l'exportation fût bien libre* pour les Echelles du
« Levant, il se fabriquerait environ deux mille
« pièces par an pour cette destination, dans cette
« ville. »

(*Lettre du Maire de Mirepoix au Préfet*. Arch.
comm.)

Ainsi l'Angleterre n'était pas la seule à souffrir
du fameux *Blocus continental* pour le maintien
duquel l'Empereur entreprit tant de guerres ruineuses.

D'autre part, les routes, mal entretenues, rendaient peu commodes les transactions intérieures.
Ainsi, pour ne citer qu'un exemple, un roulier
mettait deux et trois jours pour aller de Mirepoix
à Castelnaudary.

Les frais de transport avaient triplé de 1789 à
1809.

Les cultivateurs étaient obligés de vendre leurs
récoltes à un bas prix, tandis que les marchandises
venant de dehors étaient à des prix inabordables.

« Les propriétaires ne peuvent pas se défaire de
« leurs denrées à moins de les donner à un vil
« prix, soit à raison de la défense de l'exportation

« des grains, soit à raison du mauvais état des
« routes. »   (*Archives communales.*)

Mais là n'étaient pas les seules causes de la
crise agricole et industrielle. M. le Maire de
Mirepoix en signale une autre, comme étant
particulière à cette commune. Voici ce qu'il écrit,
en 1805, au préfet de l'Ariège :

« ..... C'est la paresse et l'indolence des ouvriers
« qui, ayant le pain à un bas prix et pouvant
« trouver à vivre, pendant toute la semaine, avec
« le travail de deux ou trois jours, ne veulent
« point travailler le reste du temps, si on ne leur
« donne de fortes journées qu'on est obligé d'ac-
« corder pour ne pas laisser dépérir les biens-
« fonds. Une fois un taux fait, il n'y a plus moyen
« de le diminuer. »   (*Archives communales.*)

Oh ! cette indolence, cette insouciance de la
population mirapicienne ! c'est bien elle qui a
amené la disparition de toute industrie, et qui a
fait échouer toutes les tentatives faites depuis pour
relever l'ancienne industrie, ou pour en créer de
nouvelles. Impressionnable à l'excès, avide de
musique et de fêtes, amoureuse des pompeuses
cérémonies religieuses, il semble que cette population ait hérité des molles et béates habitudes de
la vie monastique. La sainte oisiveté des moines,

passant par-dessus les murs des monastères, s'est infiltrée peu à peu dans toutes les classes de la société.

Il faut reconnaître aussi que le manque de chutes d'eau [1] et l'éloignement considérable de toute richesse minérale font de Mirepoix un endroit peu propice au développement de l'industrie.

La Restauration. — Ce fut le 24 avril 1814 que le maire de Mirepoix, M. Denat, annonça au Conseil municipal et à la population la déchéance de Napoléon Ier et le rétablissement des Bourbons sur le trône de France.

« A cette heureuse nouvelle, les drapeaux « blancs sont arborés à toutes les fenêtres et la « joie se lit sur tous les visages. »

Le Conseil municipal vote une adresse au Roi. Le Maire fut délégué à Castelnaudary pour remettre cette adresse à Son Altesse Royale le duc d'Angoulême.

Le gouvernement de Louis XVIII ne changea rien à l'organisation de l'Empire, ce fut le préfet qui nomma le maire, les adjoints et les conseillers municipaux.

---

1. Une chute actionnait une forge à la catalane à Queille, placée à 8 kilomètres au sud ; une autre chute et une deuxième forge se trouvaient à Manses, à 7 kilomètres à l'ouest.

Le nouveau préfet maintint au pouvoir la même municipalité.

Les Cent Jours. — Le retour de Napoléon de l'île d'Elbe et son règne des *Cent jours* passèrent presque inaperçus.

L'Empire, devenu libéral, rétablit les élections communales.

Les électeurs de Mirepoix laissèrent à la tête de la municipalité le bon M. Denat qui administrait si bien la ville depuis 1802.

La deuxième Restauration. — Après le désastre de Waterloo et le retour des Bourbons, M. Denat conserva encore les fonctions de maire. C'est grâce à l'heureuse influence que ce brave homme exerçait sur ses concitoyens, grâce à son administration tout à la fois ferme et paternelle, que notre localité ne connut pas les violences de la *Terreur blanche*.

Malgré les prédications haineuses des prêtres et des moines, la population resta calme. Des processions grotesques, organisées avec le concours de la *force armée*, parcouraient les rues de la ville et rappelaient les plus beaux jours de la *Ligue*.

Ennemis de la jeunesse, de la joie, de la vie, ces moines obligèrent le Maire à interdire les danses publiques et les fêtes populaires. Sous le fallacieux prétexte de *réparer les crimes de la Révolution*, ces moines plantèrent de toutes parts d'énormes croix pour bien montrer que l'Eglise *romaine* reprenait possession de cette bonne terre de France qui avait failli lui échapper.

Cette recrudescence du fanatisme religieux rendit très impopulaire le gouvernement de la Restauration, et toute l'affection du peuple se reporta sur *l'Empereur*. On oublia ses défauts et le mal qu'il avait causé à notre pays pour ne se souvenir que de ses qualités, de son génie et de la gloire dont il avait ensoleillé notre patrie. Les gens du peuple s'assemblaient dans les cabarets, et là, quelques vieux *grognards* racontaient les épisodes héroïques de cette merveilleuse épopée napoléonienne.

En 1823, M. Desguilhots, chef du parti royaliste, étant maire, des troubles éclatèrent à Mirepoix aux cris de « Vive l'Empereur ! »

La garde nationale avait été dissoute dès le début de la Restauration; elle fut pourtant réorganisée en 1817.

L'armée impériale avait été aussi licenciée, et une surveillance sévère était exercée contre les officiers qui avaient rejoint leurs foyers. Ainsi, nous trouvons que le Maire de Mirepoix est invité à fournir au Sous-Préfet de Pamiers quelques ren-

seignements sur ces officiers : ..... « Quelle a été
« l'opinion politique des officiers retirés dans la
« commune ; si par leurs *propos*, leurs *discours*
« et leur *conduite* ils ont donné des preuves de
« dévouement au Roi, ou si, au contraire, ils se
sont montrés les partisans de l'*Usurpateur*. »

Anciennes armoiries. — Dans la séance du
23 mars 1817, le Conseil municipal de Mirepoix
exprima le vœu de reprendre les anciennes armoiries de la ville.

« Le Conseil, désirant se conformer aux inten-
« tions de Sa Majesté, en reprenant les armoiries
« qui avaient été anciennement accordées à la
« ville par les rois, ses prédécesseurs, et dont elle
« jouissait depuis plus de six cents ans, et ne pou-
« vant justifier des lettres patentes en vertu des-
« quelles la concession primitive a eu lieu, la
« commune ayant été, déjà avant la Révolution et
« depuis par la Révolution, entièrement spoliée
« de ses titres et archives, a unanimement délibéré
« que Sa Majesté serait humblement suppliée, par
« l'intermédiaire de M. le Préfet, d'accorder à la
« ville de Mirepoix le titre nécessaire pour re-
« prendre ses anciennes armoiries, qui étaient :
« *d'azur à une truite d'argent,* posée en face, au
« chef cousu de *gueules*, chargé de trois étoiles

« d'or ; l'écu accolé de deux palmes de *sinople* bleu
« d'azur. » (*Archives communales.*)

Ce fut l'astronome Vidal qui reconstitua ces armoiries d'après l'armorial du Languedoc et d'anciennes médailles. M. Vidal écrivit à ce sujet un mémoire pour suppléer aux *lettres patentes* réclamées par Louis XVIII.

Il dessina les armoiries telles qu'elles étaient avant la Révolution.

Le roi, faisant droit à la demande du Conseil municipal de Mirepoix, accorda, par ordonnance en date du 15 novembre 1817, les armoiries que la ville a conservées de nos jours et qui sont : « de « gueules à un poisson d'or posé en face et un « chef cousu d'azur, chargé de trois étoiles d'or[1]. »

1. Extrait de l'ordonnance royale du 15 novembre 1817. On voit que ces armoiries diffèrent un peu de celles décrites par l'astronome Vidal.

LA RÉVOLUTION DE 1830.

Mirepoix eut aussi sa petite révolution en 1830. Le parti libéral était arrivé au pouvoir et le chef de ce parti, M. Vigarozy, homme énergique, actif et intelligent, fut nommé maire de la ville. Un de ses premiers actes fut de demander la suppression de *l'école des Frères de la doctrine chrétienne*. On se rappelle que ces congréganistes avaient refusé, en 1791, de prêter le serment constitutionnel.

Ils étaient revenus sous la Restauration, en 1818, et, dociles instruments de réaction, avaient pris la place des instituteurs laïques.

Le Conseil municipal vota leur suppression. Aussitôt une émeute violente éclata dans la ville. La foule fanatique, excitée par le directeur de l'école des Frères et par tous les cléricaux, envahit l'Hôtel-de-Ville en hurlant : « *Nous voulons les Frères ou la tête du Maire.* »

M. Vigarozy ne se laissa point intimider ; il réprima énergiquement ce soulèvement populaire et maintint la décision du Conseil municipal.

L'école des Frères fut fermée et à sa place s'ouvrit une école laïque.

Pourtant, quatre années plus tard, en 1834, les congréganistes revinrent à Mirepoix et reprirent leur ancienne école.

Peu de choses importantes restent à signaler depuis cette époque jusqu'à nos jours, aussi allons-nous arrêter là cette notice historique.

Nous terminerons par quelques notes biographiques sur les hommes qui ont honoré notre cité et dont notre ville peut être justement fière.

CHAPITRE VII.

Hommes illustres.

I. — Les DE LÉVIS.

Nous devons placer en tête de nos célébrités mirapiciennes la famille des de Lévis-Mirepoix. Le cadre de cette notice ne nous permettant pas de parcourir la longue liste des membres de cette antique famille qui se sont illustrés, nous nous contenterons de parler du plus célèbre *seigneur* de cette nombreuse et puissante famille.

Gaston-Charles-Pierre de Lévis naquit en 1699; à l'âge de dix-neuf ans il entra aux mousquetaires du roi, sous le nom de marquis de Mirepoix.

Il fut bientôt capitaine, puis colonel, et enfin général et maréchal de camp, en 1738.

Pendant la guerre de la succession de Pologne,

il prit part au siège de Kehl (1733), où il se distingua.

Envoyé par Louis XV comme ambassadeur à Vienne, en 1737, il signa dans cette ville le traité de paix qui mettait fin aux hostilités et nous accordait la Lorraine (1738).

Il se fit ensuite remarquer en Bohême, pendant la guerre de la succession d'Autriche, en 1741 ; puis en Italie, en 1745, à Turin.

Ce seigneur jouissait d'une grande influence à la cour de Louis XV.

Nommé, en 1755, gouverneur du Languedoc, créé duc et maréchal de France en 1756, il vint résider à Montpellier, où il mourut l'année suivante, en 1757. Il laissait son héritage, n'ayant pas d'enfant, à Gaston de Lévis, seigneur de Léran, chef de la branche actuelle des de Lévis Mirepoix.

II. — L'astronome VIDAL.

Après le grand seigneur, voici le roturier.

Jacques Vidal naquit à Mirepoix le 3o mars 1747 ; il était fils de François Vidal, cordonnier, et de Paule Pons.

Ses remarquables aptitudes pour les sciences et les mathématiques lui valurent l'amitié de Garipuy, qui l'appela à Toulouse dans son observatoire, en 1769.

Là, il fit la connaissance de M. de Bonrepos, lequel consacrait ses loisirs à l'étude des phénomènes célestes.

Ce qu'il y a de remarquable chez l'astronome Vidal, c'est qu'il était tout à la fois un excellent calculateur, un observateur hors de pair, et un remarquable constructeur d'instruments de physique. Trop pauvre, dès le début, pour acheter les appareils nécessaires à ses observations astronomiques, il les construisait lui-même. Et c'est avec ces instruments, forcément imparfaits, qu'il fit d'importantes découvertes.

Lorsque M. de Bonrepos mourut, en 1791, il

laissa à son ami Vidal une rente viagère de 2,000 livres et tous ses instruments d'astronomie. Vidal les fit transporter à Mirepoix et les installa dans son petit observatoire.

En 1800, Vidal fut nommé directeur de l'observatoire de Toulouse, et il occupa ce poste jusqu'en 1807, époque à laquelle il retourna à Mirepoix, où il vécut partageant son temps entre l'astronomie, la géodésie, l'archéologie et la musique.

Il mourut le 2 janvier 1819, à cinq heures du soir, en observant une comète.

L'astronome Vidal a laissé plusieurs catalogues d'étoiles australes difficilement observables à Paris; il a étudié un grand nombre de comètes. Mais son activité s'est concentrée sur la planète Mercure dont l'observation présente de grandes difficultés.

Les communications que Vidal faisait à ce sujet à l'observatoire de Paris excitaient l'admiration du grand mathématicien Lalande, qui, en 1798, écrivait : « Nous avons reçu plus de cinq cents « observations de Mercure par le citoyen Vidal, le « grand et étonnant observateur de cette planète, « véritable hermophile, à qui nous avons l'obli- « gation de pouvoir dire que les observations de « Mercure, si rares avant lui, sont actuellement « aussi abondantes que celles des autres planètes « et ne laissent plus rien à désirer. Il en a fait à

« lui seul plus que tous les autres astronomes de
« l'univers, anciens et modernes, réunis ensemble,
« et nous pouvons tous nous dispenser de nous en
« occuper…. Peut-être, à Mirepoix, on ne sait pas
« qu'il y a un pareil homme dans l'enceinte de
« cette petite ville, mais nous l'apprendrons à l'u-
« nivers et à la postérité. » (*Extrait de l'Annuaire
du bureau des Longitudes*, 1881.)

On n'a rien fait pourtant à Mirepoix pour perpétuer le souvenir de cet homme illustre, qui a été
en même temps un excellent patriote.

Nous souhaitons que notre génération, moins
oublieuse que les générations passées, élève un
monument en mémoire de cet observateur de
génie que fut Vidal.

III. — Le maréchal CLAUZEL.

Bertrand Clauzel est né à Mirepoix, le 10 décembre 1772. Il était le fils aîné de Gabriel Clauzel, fabricant de drap, et de Blanche Castel.

Dès le début de la Révolution, en 1791, il s'engagea comme volontaire. Huit ans après, il était général.

En 1802, il fut envoyé à Saint-Domingue pour réprimer la révolte des Noirs. Il se maria avec une créole. A son retour, il fut créé *comte* par l'Empereur, qui avait de lui une haute opinion, mais qui se méfiait de ses idées républicaines.

Nous le retrouvons, en 1813, commandant en chef l'armée du Nord de l'Espagne.

Enfin, en 1815, pendant les *Cent jours,* Napoléon le nomma commandant de la onzième division militaire et gouverneur de Bordeaux.

Après le désastre de Waterloo, le gouvernement de la Restauration ordonna l'arrestation de Clauzel. Prévenu à temps, le général s'embarqua pour l'Amérique.

Il fut jugé et condamné à mort par contumace, en 1816; il fut grâcié et amnistié en 1820.

Clauzel rentra alors en France.

De 1827 à 1830, il représenta le département de l'Ariège à la Chambre des députés et siégea parmi les *libéraux*.

Après la révolution de 1830, le roi Louis-Philippe le nomma commandant en chef de l'armée d'Afrique, puis *maréchal de France* en 1831, et enfin *gouverneur jénéral* de l'Algérie en 1835.

L'année suivante, Clauzel entreprit, avec des forces insuffisantes, l'expédition de Constantine; mais, peu soutenu par le gouvernement, qui le laissa sans munitions, il échoua au siège de Constantine et opéra une admirable retraite (1836).

Le maréchal Clauzel se retira définitivement en France en 1837, et vécut tout simplement dans sa terre du Secourieux, près d'Auterive (Haute-Garonne). C'est là qu'il mourut le 12 avril 1842.

Lors de ses funérailles, à Mirepoix, le maire de la ville, M. Vigarozy, prononça un superbe discours qui se terminait par ces mots : « Les Pyré-
« nées et l'Atlas l'ont vu victorieux et presque
« tout-puissant ; et après de si longs services,
« après être parvenu au faîte des honneurs, Clau-
« zel est mort pauvre, mais aussi sans reproche
« comme il fut sans peur ! »

Le portrait en pied du maréchal Clauzel orne la salle principale de notre Hôtel-de-Ville. On a eu le projet, à plusieurs reprises, d'élever, sur une des places de Mirepoix, une statue à cet enfant du peuple parvenu au plus haut grade dans l'armée française. Nous souhaitons que l'on reprenne cette idée et qu'on la fasse aboutir. Une ville s'honore en perpétuant le souvenir d'hommes tels que Bertrand Clauzel.

IV. — Autres militaires.

Notre localité est justement fière de pouvoir citer encore toute une pléiade d'officiers supérieurs qui viennent se grouper autour du maréchal Clauzel.

Ce sont :

Les commandants *Arnaud* et *Vigarozy*, aides de camp de Clauzel, et dont les tombeaux entourent celui du maréchal.

Le colonel *Laprade,* gouverneur du Sénégal.

Le colonel *Petitpied*, dont la conduite fut héroïque en 1870, au siège de Strasbourg où il commandait l'artillerie.

L'amiral *Vallon*, gouverneur du Sénégal, député de Brest, Mirapicien d'adoption, dont les cendres reposent dans la nécropole mirapicienne.

V. — Antoine-Benoît VIGAROZY.

Les Vigarozy, dont le nom semble indiquer une origine italienne, mais qui habitaient déjà Mirepoix au commencement du seizième siècle, forment une famille de bourgeois très instruits qui a joué un rôle important dans notre petite cité.

Nous trouvons dans cette famille des docteurs en théologie, en médecine, en droit, des juges et des avocats. Plusieurs d'entre eux eurent l'honneur de représenter la ville de Mirepoix aux Etats généraux du Languedoc comme consuls de la cité.

Vers la fin de l'ancien régime, en 1786, Jean-Charles Vigarozy, docteur en médecine et en droit, était avocat au Parlement de Toulouse. Il fut élu maire de Mirepoix en 1791.

Son fils, Antoine-Benoît Vigarozy, naquit à Toulouse en 1787, et se destina, tout jeune, à la carrière des armes. Il devint commandant et aide de camp du maréchal Clauzel dont il resta l'ami et l'homme de confiance. Aussi, lorsque Clauzel s'expatria en 1815, Vigarozy, qui se trouvait à Paris, fut arrêté et retenu en prison pendant quelques mois.

Remis en liberté, il se retira à Mirepoix où il vécut jusqu'en 1857, époque de sa mort.

Vigarozy aimait passionnément sa petite ville, qu'il ne voulut jamais plus quitter malgré les sollicitations pressantes de ses amis qui l'appelaient à Paris.

Il se consacra entièrement à l'administration de sa chère cité dont il resta le *maire* pendant de nombreuses années. Il représenta avec éclat le canton de Mirepoix au Conseil général de l'Ariège de 1834 à 1835 et de 1846 à 1847.

Vigarozy s'occupa aussi de travaux littéraires.

Après les agitations de la vie militaire, il goûta un doux repos sous le ciel inspirateur de Mirepoix.

Il écrivit dans les journaux et les revues de l'époque un très grand nombre d'articles remarquables se rapportant à l'administration, à la législation, au commerce et à l'industrie.

Il publia, en 1832, un volume de *Fables*, et un volume de poésies en 1836.

Il composa une tragédie en cinq actes et en vers, ayant pour titre : *Jean sans Terre*. Cette pièce de théâtre n'a jamais été imprimée.

Les fables de Vigarozy sont si bien contées, si pleines de grâce et de naturel, qu'elles lui valurent, en 1834, les éloges de l'Académie française et le surnom de *Fabuliste du Midi*.

Mais c'est surtout dans son recueil de poésies que la pureté littéraire et la force de la pensée de notre poète se font le plus admirer.

Voici un fragment de poésie où l'on sent « une « teinte de douce rêverie, un parfum des brises des « Pyrénées » et où le poète met toute son âme de fier montagnard :

« Dans les bois, dans les champs, tout m'attire, me presse ;
Tout me parle, m'inspire et me charme à la fois ;
L'homme libre y grandit, et semble, à mon ivresse,
  Plus heureux que les rois.

 . . . .

  Vous avez aussi des tempêtes,
Monts, superbes géants !... Mais toujours, à mes yeux,
  Plus grands que les dieux de nos fêtes,
  Jamais vous ne courbez vos têtes ;
Vons défiez la foudre et régnez dans les cieux.

 . . . .

  Balancez vos chastes couronnes,
  Ouvrez vos portiques en fleurs,
  Découvrez vos riches colonnes
  De cristal aux mille couleurs ;
  Déployez vos tapis de mousse ;
  A la verdure la plus douce

> Mêlez l'albâtre des autels,
> Montagnes où je viens renaître !
> A l'envoyé de votre maître,
> Ouvrez vos temples solennels ! [1] »

. . . .

Vigarozy écrivit aussi de nombreux discours, des notices historiques, des brochures, des mémoires et des rapports administratifs d'un style sobre, clair, spirituel, qui en font de petits chefs-d'œuvre et dont quelques-uns valurent à notre écrivain de hautes récompenses.

Mais Vigarozy fut surtout un administrateur intelligent, dévoué, et un « ardent patriote dont « l'âme bienveillante et noble était capable de tous « les sacrifices. Il ne manqua jamais à sa place « lorsqu'il fallut se dévouer pour ses concitoyens.

« Deux incendies mémorables éclatèrent à Mire- « poix, l'un en 1826 et l'autre en 1857. Dans le « premier, le courage et la présence d'esprit de « Vigarozy furent tels que l'une des compagnies « d'assurances lui offrit une médaille d'honneur en « témoignage de reconnaissance ; dans le second, « malgré son grand âge, il crut qu'il était de son « devoir de maire de se transporter des premiers,

---

1. Cité par M. Duclos, dans l'*Histoire des Ariégeois*.

« par une nuit très froide, sur le théâtre du sinistre
« pour y organiser les secours. Il paya de sa vie
« ce dernier acte de courage civique. Peu après, le
« le 16 mars 1857, il descendait au tombeau au
« milieu de l'explosion de la douleur universelle. »

(Duclos, *Histoire des Ariégeois.*)

Ses concitoyens honorèrent sa mémoire en donnant son nom à une des principales rues de la
ville[1].

---

1. Un autre écrivain illustre, Frédéric Soulié, qui, pendant
quelque temps, habita Mirepoix, où sa sœur (Mme Gorguos, morte
depuis quelques années) était mariée, pourrait être cité comme
étant un des nôtres, car il se plaisait beaucoup dans notre charmante petite ville. Melchior-Frédéric Soulié naquit à Foix en 1800;
son père, directeur de l'enregistrement et des domaines, était
originaire de Lavelanet, et son grand-père, qui avait été maître
d'école, venait de Mazères.

VI. — Charles VIGAROZY (sénateur).

Charles Vigarozy, fils de l'homme de bien dont nous venons de retracer l'histoire, naquit à Mirepoix le 24 juin 1822.

Il fit de sérieuses études et obtint le grade de docteur en droit.

Entré, jeune encore, dans la vie politique, il devint, avec son ami Pons-Tande, un des chefs du parti républicain dans l'Ariège.

Il fut élu conseiller général du canton de Mirepoix en 1848, puis en 1871, et il siégea à l'Assemblée départementale jusqu'en 1886.

Nommé sénateur du département de l'Ariège en 1881, il occupait ce poste élevé lorsque la mort le surprit le 1er février 1890.

M. Charles Vigarozy jouissait d'une grande popularité que lui avaient acquise ses qualités de cœur et le désir de toujours être utile à ses concitoyens.

VII. — Théodose **DENAT** (député).

Théodose Denat naquit à Mirepoix en 1803 ; il était fils de ce bon M. Denat dont nous avons eu l'occasion de parler pendant le Consulat, l'Empire et la Restauration, et qui administra si bien notre cité pendant une période de dix-huit années.

Après avoir fait de brillantes études de droit, Théodose Denat débuta dans la magistrature comme substitut au tribunal de Pamiers en 1830 ; puis, en 1850, il fut nommé conseiller à la Cour d'appel de Toulouse, et enfin président de chambre à la même cour, en 1865.

Comme homme politique, M. Denat représenta le canton de Mirepoix au Conseil général de l'Ariège de 1858 à 1871, et fut élu député en 1868. Il rentra définitivement dans la vie privée en 1871. Cet homme serviable et juste s'éteignit paisiblement à Mirepoix le 10 janvier 1885.

Il était officier de la Légion d'honneur.

VIII. — Le docteur CHABAUD.

Voici encore un homme de bien et un grand cœur dont la popularité fut immense dans notre petite cité et dont le souvenir mérite d'être conservé parmi nous.

C'est que le docteur Charles Chabaud n'épargna jamais ni son temps, ni ses peines, ni même son argent pour soulager les souffrances des malheureux.

Pendant l'épidémie de choléra qui sévit d'une manière effrayante en 1854, la conduite du docteur Chabaud fut admirable. Et s'il ne fut pas décoré par l'empereur, c'est à cause de ses opinions politiques qui en faisaient l'adversaire irréductible du gouvernement impérial.

D'une habileté chirurgicale peu ordinaire, il aurait pu, en s'établissant dans une grande ville, avoir une riche clientèle et arriver aux honneurs. Il préféra rester dans sa ville natale, où son père avait été médecin comme lui, et se consacrer complètement au soulagement des misères du pauvre.

Aussi a-t-il légué à ses enfants le plus précieux

des héritages : celui d'un nom aimé et honoré de tous, sans exception.

Le docteur Chabaud mourut à Mirepoix le 20 janvier 1883, à l'âge de cinquante-sept ans, et jamais homme n'eut, dans sa petite ville natale, de si imposantes funérailles.

Ses concitoyens reconnaissants ont élevé sur son tombeau une superbe colonne pour perpétuer le souvenir de celui qui fut « *le médecin des pauvres* ».

IX. — Louis PONS-TANDE (député).

Nous devons, en terminant cette notice historique, donner un souvenir ému à la mémoire de Louis Pons-Tande, qui a été un des plus dévoués administrateurs de sa chère cité mirapicienne.

Louis Pons-Tande naquit à Mirepoix le 7 novembre 1814. Il fit ses études au lycée Louis-le-Grand à Paris. Rappelé brusquement par la mort de son père, il dut abandonner sa préparation à l'Ecole polytechnique, et il s'occupa alors d'agriculture. Il se lia d'amitié avec Joigneau, et fonda avec lui la *Gazette du Village*; il collabora aussi à l'important ouvrage de *la Ferme* qui fut publié sous la direction de son ami.

Entré tout jeune dans la vie politique, il devint, en 1840, adjoint au maire de Mirepoix qui était alors Benoît Vigarozy.

En 1849, il fut élu *représentant du peuple* à l'Assemblée législative, où il siégea avec les républicains avancés sur les bancs de la *Montagne*.

Au coup d'Etat du 2 décembre 1851, il organisa

la résistance avec le petit groupe de députés que dirigeait V. Hugo.

Il ne se rallia jamais à l'Empire et fut l'objet, tant que dura ce régime, d'une surveillance inquisitoriale.

Après le 4 septembre 1870, Pons-Tande se trouva, avec son ami Anglade, un des chefs du parti républicain dans l'Ariège.

Il aurait pu alors aspirer aux places, aux honneurs, et recevoir la juste récompense de sa fidélité aux principes républicains. Il ne voulut rien accepter, et resta simple maire de sa ville natale. Il exerça ces fonctions jusqu'en 1893, sauf une courte interruption au 16 mai 1877, car il fut révoqué par *l'ordre moral!*

Enfin, les électeurs de l'Ariège le nommèrent député, en 1885, par plus de vingt-six mille suffrages. Cela nous montre la popularité dont jouissait, dans notre département, ce *vétéran* du parti républicain de 1848. C'est que Louis Pons-Tande était plus qu'un républicain intègre et convaincu, il était encore un démocrate sincère, aimant le peuple et désirant pour lui *toujours plus d'ins-* « *truction, toujours plus de lumière!*

Louis Pons-Tande mourut à Mirepoix le 2 mars 1894. Les amis et les admirateurs de cet excellent

citoyen ont, en 1900, honoré sa mémoire en offrant
à la ville de Mirepoix son portrait admirablement
rendu par une artiste de grande valeur, Mme Esco-
lier, qui a mis à le peindre tout son talent et tout
son cœur.

Mirepoix, octobre 1901.

TABLE DES MATIÈRES

Mirepoix. — Imprimerie J. Cassé. — 447